中世武士選書 34

上杉憲政

戦国末期、悲劇の関東管領

久保田順一 著

戎光祥出版

はしがき

「敗者の日本史」というシリーズ本が刊行され、中世の東国では太田道灌・武田勝頼・北条氏などが取り上げられていた。敗れた者は十分な評価を受けることができず、忘れ去られていくことが多い。彼らがなぜ敗れたかを追求すれば、そこから新たな歴史の真実が見えてくるという趣向であろう。その点からみれば、上杉憲政もこの中に加えてもおかしくない人物であるが、憲政自身はほとんど特筆すべき活躍の場面もなかったので、面白みに欠けるとして加えられなかったのであろうか。

憲政について、関東管領山内上杉氏を滅亡に導いた暗愚な君主というイメージが定着している。例えば、河越合戦では古河公方の支援を受け、大軍を催して北条氏康に戦いを挑んだものの、その詭計にほとんどなすところなくみじめに敗れ、その後も何の手立てもとれずに歴史の表舞台を去った。人生の後半は、長尾景虎の越山や越後御館の乱に脇役として顔を出す程度の人物にすぎない。しかし、すでに憲政以前から山内家の力は傾いており、山内家の没落は憲政だけの責任とも言えないかもしれない。

四年前、「中世武士選書」シリーズで『上杉憲顕』を上梓させていただいた。憲顕は、山内家が関東管領職を家職とする東国の名門として発展させた人物である。今回取り上げたのはその子孫であるが、山内家を破綻させた人物である。対照的な二人の人物を比較検討できたのは面白い体験であった。憲政については家を潰した人物としてのイメージが強く、その結果から単純に思いこまれてきた評価が先行している。これまでさまざまな先入観から評価されてきた事実を再検討し、敗者の真実を明らかにする必要がここでも存在する。

憲政についての検討は遅れているものの、関東管領上杉氏の動向についてはこれまで多くの研究が行われ、膨大な研究成果が蓄積されてきた。本書の性格から研究史を詳述することはできないが、特に東国の戦国史については、黒田基樹氏の研究をさし措いてそれを語ることはできない。本書も黒田氏の研究成果に依拠している部分は多い。

例えば、本書で引用した史料に関し、享徳の乱以降の山内上杉家当主が発給した文書についても、これまでの研究成果の上にたって、黒田氏によって新たなものが発掘されている。これによって憲政が発給した文書史料は四二通となり、年代順に整理されている。これら同時代の史料を通して、憲政の活動・人物像を考えてみたい。

なお、資料の出典について、『群馬県史』資料編7は（群史料番号）、『戰國遺文』後北条氏編は（戦資料番号）、『上越市史』別編1上杉氏文書集は（越資料番号）で示し、それによらないものは個々に示した。また、掲出した史料について断らない限り、読みやすいように書き下し文に直して載せた。

二〇一六年五月

久保田順一

目次

第一章　父憲房の生涯

憲実から顕定へ――戦国前期の山内家

憲政《のりまさ》の実父は上杉憲房《のりふさ》で、実母の名は不詳である。憲房は上杉顕定《あきさだ》の跡を継いだ顕実《あきざね》と戦って山内上杉家の家督を奪い取り、関東管領兼上野国守護の座に就いた人物である。憲房の家督継承の裏には、一族内の骨肉の争いがあった。また、憲房の跡についても憲政は一族の争いを克復して当主の座に就いた。つまり上杉家中にも、戦国の殺伐とした風景が満ちていたのである。まず、本章では父憲房の生涯をみておこう。

上杉家のうち、最初に関東管領となった憲房（憲政の父憲房とは別人）から憲顕《のりあき》へつながる嫡流を山内《やまのうち》家といい、山内家の浮沈に大きく関わる家として扇谷《おうぎがやつ》家がある。扇谷家は、憲房の兄弟重顕《しげあき》の系統である。なお、山内家の傍流に越後守護家があり、山内家が憲基《のりもと》で絶えた後、越後から憲実《のりざね》が入って本家を継いだ。

東国では、畿内に先行して戦国の世を迎え、激しい動揺が続いていた。永享十年（一四三八）、鎌倉公方足利持氏《もちうじ》が将軍足利義教《よしのり》と対立したことから永享の乱が始まり、持氏が敗れて誅殺された後、持氏の遺児春王丸《はるおうまる》・安王丸《やすおうまる》が結城城に楯籠もって抵抗し、結城合戦が起こる。幕府方の大軍が結城城を囲み、一年余りの籠城の後、同城は落城して戦乱はいったん終了した。しかし、東国社会に胚胎した矛盾が解消されたわけではなく、これ以降も鎌倉府は歴史の浪に翻弄されていくことになる。

永享の乱のとき、山内家の当主として活動していたのは憲実であった。憲実は乱後に剃髪して、長棟《ちょうとう》と号して仏門に入り、自害まで図ったという。主筋に当たる持氏と対立し、結果的にとはいえ、死に追いやったことに自責の念を感じたためといわれる。憲実の自害は家臣たちの制止によって未遂に終わり、彼は伊豆の国清寺《こくしょうじ》に引退した。その後の関東管領職については、実弟の清方《きよまさ》が越後から入って就任し、結城城を攻め落としたのはこの清方であるが、彼もまもなく謎の自殺を遂げている。

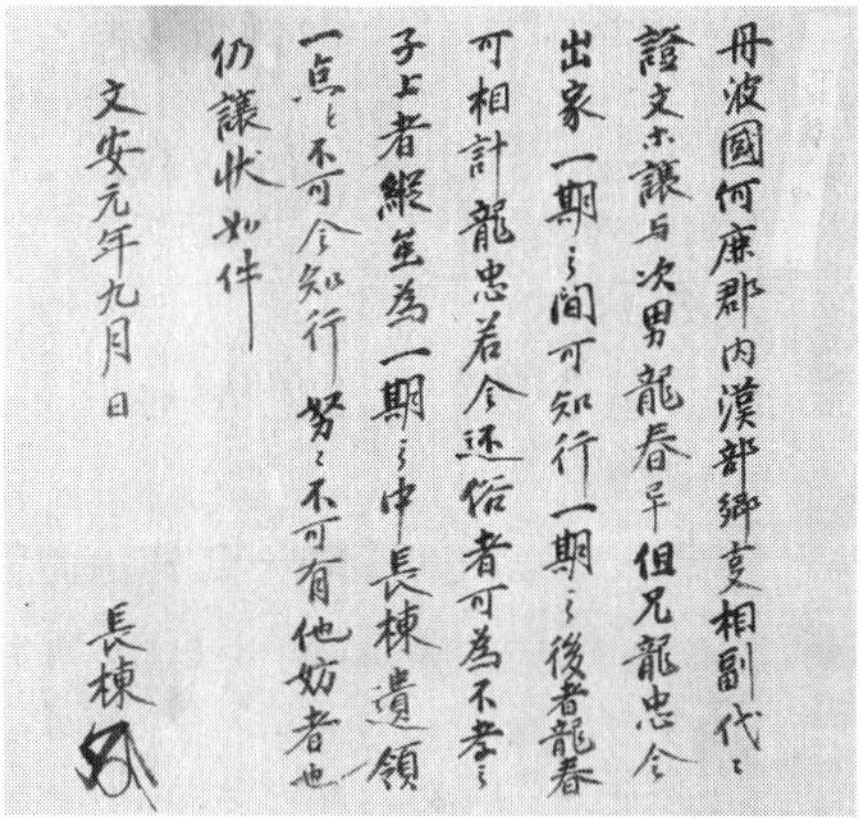
丹波國何鹿郡内漢部郷壹相副代々
證文等譲与次男龍春早但兄龍忠令
出家一期之間可知行一期之後者龍春
可相計龍忠若令還俗者可為不孝之
子上者縦雖為一期之中長棟遺領
一点も不可令知行努々不可有他妨者也
仍譲状如件
文安元年九月日　　長棟（花押）

文安元年９月日付上杉長棟（憲実）譲状案　「上杉家文書」　米沢市上杉博物館蔵

幕府は、憲実に関東管領職への復帰を再三要請するが、彼はついにこの要請に応じることはなかった。さらに、鎌倉府との関係を完全に断ち切るため、子息たちにも関東との関わりを禁じていた。彼は数人いた子のうち、次子龍春（房顕《ふさあき》）を将軍家に仕えさせ、家名を継がせて越後守護職に据えたが、ほかの子たちは出家させて僧侶にしていた。関東内の所領についても、家臣の給地や鎌倉府の料所に寄付するつもりであったようである。文安元年（一四四四）九月日の憲実譲状によると、丹波国漢部《あやべ》

五十子陣跡　同所からは当時の物と推定される陶磁器等が出土している　埼玉県本庄市

郷（京都府）について、「長子龍忠の一期分《いちごぶん》とするが、その死後は龍春の計らいとする。龍忠が還俗《げんぞく》した場合には『不孝の子』であるので、遺領は一切知行してはならない」と記している（群一五三六）。

ところが、文安五年十一月頃、龍忠は父の意に反し、還俗して憲忠《のりただ》と名のって関東管領に就任する。彼は父の言いつけを破り、その譲りをうけないまま家督を継承したのである。ところが、彼は享徳三年（一四五四）十二月二十七日、持氏の子で鎌倉公方となった成氏《しげうじ》によって謀殺された。これが東国で三十年以上続いた享徳の乱の端緒であり、憲実が恐れていた復讐の連鎖が現実のものになったのである。

成氏は、東関東の伝統的な豪族たちの支援を受けて下総古河《こが》に移座した。これに対し、山内家は憲忠の弟房顕が継ぎ、武蔵五十子《いかっこ》（本庄市）に陣所を構え、京都から新公方として将軍義政《よしまさ》の弟政知《まさとも》を迎えて対抗した（堀越《ほりごえ》公方）。

ところが、房顕は乱の最中、文正元年（一四六六）二月に五十子陣で病没してしまった。房顕には子はなく、その跡には越後守護家の房定《ふささだ》の子顕定が迎えられた。顕定は享徳三年の生まれで、このときわずか十二歳の少年の当主にすぎなかった。この戦いで上杉方を事実上束ねていたのは、顕定の実父にあたる越後守護の房定であった。山内家の強みは、越後からの支援にあったのである。

乱の最中の文明八年（一四七六）六月、山内家の重臣白井《しろい》長尾景春《かげはる》が鉢形《はちがた》城に拠って、顕定に対して謀叛を起こした（長尾景春の乱）。上杉方の分裂によって、東国の内乱はさらに混迷を深めた。景春が謀叛を起こした原因は、その父景信《かげのぶ》の没後、白井長尾家が二代にわたって世襲してきた上杉家の家《か》宰《さい》職に就けなかったことを恨みに思ったからといわれ、これを下剋上のはしりとする見方もある。景春は上杉方の五十子陣を急襲して崩壊させ、上杉方に大打撃を与えた。その後、享徳の乱は文明十四年の都《と》鄙《ひ》の和睦により、ようやく終息している。

享徳の乱が終わって五年後の長享元年（一四八七）閏十一月、新たな戦乱が勃発した。これを起こった年にちなんで長享の乱という。原因は、二つの上杉氏の抗争である。山内家に対し、扇谷家は相模国守護などを務めており、両者はこれまでは協調してきた。しかし、享徳の乱の中で、扇谷家は武蔵・相模などで勢力を伸張させ、その結果、山内家との間に軋轢が生じるようになってきたのである。なお、乱勃発の前年、両家の仲介に尽力してきた太田道灌《どうかん》がその主扇谷定正《さだまさ》によって謀殺されたが、これによって両者の対立が決定的となったともいう。

この戦いは、東上野や扇谷家の本拠の相模でも展開したが、最後に両派は武蔵国内で激突した。長享二年二月五日の実蒔原《さねまきはら》合戦（厚木市・伊勢原市）、同六月十八日の須賀谷原《すがやはら》合戦（嵐山町）、同十一月十五日の高見原《たかみはら》合戦（小川町）などである。これらを関東三戦（「梅花無尽蔵《ばいかむじんぞう》」）という。両家の戦いはそれ以後も断続的に続き、消耗が重なったところで、延徳二年（一四九〇）にようやく和睦となった。

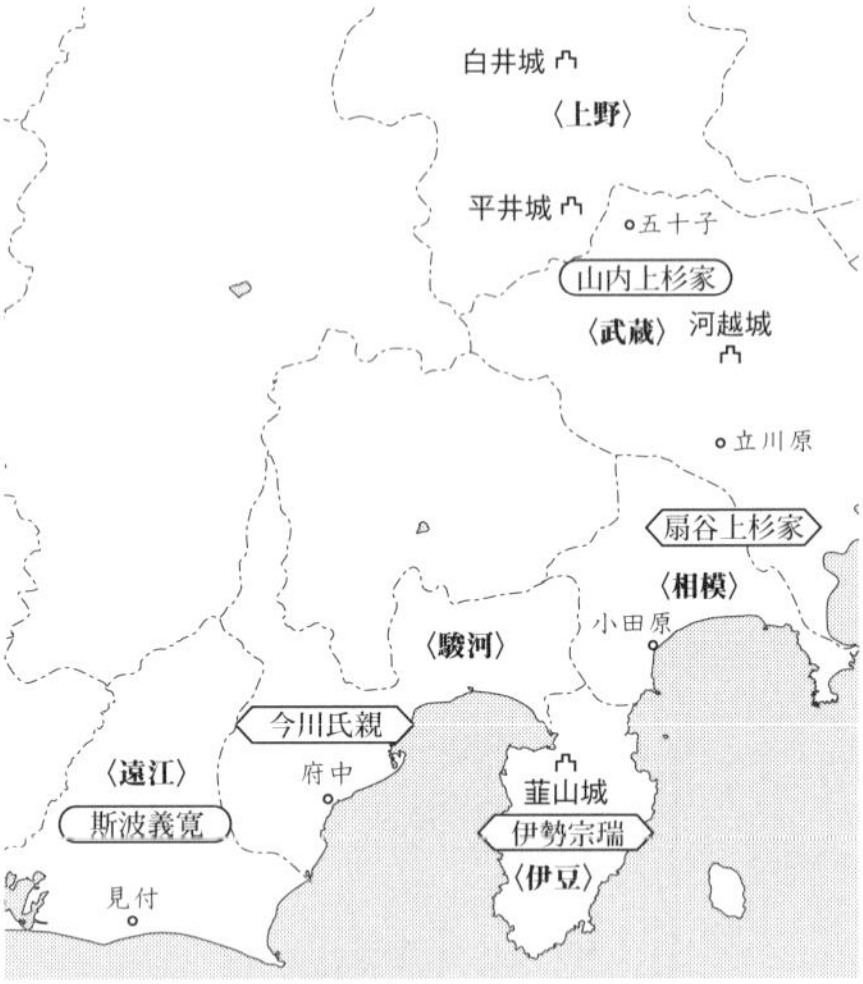

図１　永正年間の対立概念図

ところが、明応二年（一四九三）頃から再び両家の戦いが始まった。これを長享の再乱と呼ぶ。この戦いでは、扇谷方に伊勢宗瑞《そうずい》（早雲《そううん》）が味方していた。この宗瑞は、将軍家に仕えた京都伊勢氏の一族であったが、山内家の守護国である伊豆に進出し、足利茶々《ちゃちゃ》丸《まる》を討って堀越公方家を滅亡させていた。宗瑞は山内家の勢力を排除するため、扇谷家と結んだのである。

宗瑞の流れが後の小田原北条氏となる。北条氏の出現は、山内家の没落に関わる大事であったが、このときはそれほどの脅威とは思われなかったであろう。この争いも明応八年頃、山内家の優位が明らかになるなかで和睦が成立したとみられている。なお、扇谷家では明応三年に定正が没し、養子の朝良《ともよし》が家督を継いだ。

永正元年（一五〇四）、山内・扇谷の対立が再燃する。この対立は、文亀元年（一五〇一）に始まった駿河守護今川氏親《うじちか》と遠江守護斯波《しば》義寛《よしひろ》との紛争が発端になっている。諸勢力の配置をみると、斯波氏は遠江を確保するために今川氏を排除する必要があり、そのため山内家との連携を求めたのである。今川氏は、山内家に敵対している伊勢宗瑞を支援しており、宗瑞は扇谷家に味方していた。つまり、今川氏・扇谷家・伊勢宗瑞を、斯波氏・山内家が東西から挟撃するという構図であった。

同年九月二十七日、武蔵立川原（立川市）で今川・伊勢・扇谷の連合軍と山内上杉軍が激突した。この戦いで、山内方の長尾六郎・上州一揆の長野房兼《ふさかね》らが討ち死にを遂げて敗北した（「松陰私語《しょういんしご》」）。このとき三千余人が討たれたともみえる（「宗長手記《そうちょうしゅき》」）。顕定は、実家の越後上杉氏に支援を要請し、その後、越後軍の来援を得て息を吹き返した山内方は、扇谷方の椚田《くぬぎた》城（八王子市）・実田《さなだ》城（平塚市）などを攻め取り、扇谷方の拠点である河越城にも迫った。劣勢に陥った扇谷家は再び降伏し、当主朝良はこれによって引退することになった。

顕実と憲房の関係

長享の乱が終結してまもない永正三年（一五〇六）、今度は古河公方家の内紛が起こった。時の公方足利政氏《まさうじ》とその子高基《たかもと》（初名は高氏《たかうじ》）の間で、父子相克の事態が発生したのである。このとき、上杉顕定が両人を仲介し、いったんは収束する。しかし、父子の対立は再燃し、顕定は再び仲介に奔走した。このような不安な状況のなかで、越後国内で変事が出来する。永正四年八月、守護代長尾為景《ためかげ》が守護上杉房能《ふさよし》を殺害し、上杉別家の上条定実《じょうじょうさだざね》（清方の孫）を擁立して、国を奪い取るという下剋上が起こったのである。房能は顕定の異母弟で、これまでその支援をうけてきた顕定には大打撃となった。

顕定は二年の猶予の後、永正六年七月に越後へ出兵するが、その背景についていくつかの説がある。これまで、房能の仇を討って越後の山内家領などを回復するため、あるいは顕定が越後上杉家の家督を掌握するため、などの見方があったが、近年、為景と上杉一門の八条家との抗争が出兵のきっかけとなったとする説が出されている。

八条家は上杉氏の庶流で、越後国鵜川《うかわ》荘（柏崎市）などを拠点としていた。房能が討たれた後、八条家は為景に抵抗して多くの犠牲者を出している。それは、永正五年八月九日に栄巌清秀という人物が切腹させられるまで続くが、栄巌の死が顕定の越後出兵の動機となったという（森田真一④）。定実は、幕府から正式に越後国守護に補任されており、私的な怨恨だけでそれを無視して出兵することは難しい。確かに、所領問題や一族・家臣らの処遇など、家中全体に関わる大義がなければ出兵という政治判断をすることは不可能であろう。

越後に出兵した顕定は、わずかの期間で定実・為景を越中に追い落とし、越後府中（上越市）を支配下においた。しかし、これによって顕定が越後国を制したわけではなく、国内各地で両派の争いは続いた。翌年、為景は越中から佐渡を経て、四月二十二日に蒲原津《かんばらつ》（新潟市）に入り、そこから府中を目指した。六月十二日に椎谷《しいや》（柏崎市）で上杉勢を破ると（椎谷合戦）、顕定はこれ以上の抵抗は不可能とみて退却を始めた。その途中、顕定は六月二十日に長森原《ながもりはら》（南魚沼市）で敗れ、自害して果てた。享年五十七歳であった。討たれた場所の想定地は、現在、管領塚として整備され、公園となっている。

顕定の後継者となったのは、顕実という人物である。顕実は古河公方足利政氏の三男で、「上杉系図」には顕定の子としてみえ、「上杉四郎、早世、永正十二年也」とある。「四郎」は房顕・顕定らの仮名《けみょう》（諱《いみな》の呼称を避けるために用いた通称）でもあり、養子に入った段階から家督とみられていたのであろう。顕実の実父足利政氏の生年が文正元年（一四六六）とされるので、その三男とすれば、養父の死没時には二十歳前後であろうか。十代で山内家に入り、家督継承者として育てられたものとみられる。その時期は、永正四年（一五〇七）八月頃とする説がある（佐藤博信②）。なお、顕定には実子もいたことが明らかになっており（森田真一①）、それが上条上杉氏の家督を継いだ定憲《さだのり》と頼房《よりふさ》である。彼らの生年は不詳であり、背景や事情は不明である。

　顕実は父の越後出兵には同行せず、鉢形城にいたらしい。顕定の死によって直ちに山内家の家督となったとみられるが、発給文書は一通も残っていない。後述するが、その直後、憲房《のりふさ》との抗争の結果、敗れて家督の地位を退き、永正十二年に没した。

　こうして憲房が山内家の家督となったが、憲房は顕実と同様に顕定の養子であったとされる。応仁元年（一四六七）に生まれたとみられる憲房と、享徳三年（一四五四）に生まれた顕定とは、十三歳の差しかない。この年齢差でも養子関係にあったことを否定できないが、それが事実かどうかは検討の余地がある。子がない顕定が、目下の同族である憲房を養子にして権力を固めたことはあり得る話で、同時に二人の養子を置くことも多々ある。ただし、二人の養子は利点もあるが、家督争いが生じたことも枚挙に暇がない。さらに、年長である憲房がいて、若い顕実が家督になった場合は、紛争の危険が高まる。顕定に実子もいたことが明らかになったことをみれば、憲房を養子にしたとは考えにくい。

　養子関係の情報を伝えるのは系図類のみであり、系図を史料として使用する場合には、慎重に検討する必要がある。まず、『続群書類従』には上杉氏に関わる系図が複数収められているが、このうち比較的正確とみられている巻第百五十三の「上杉系図」、巻第百五十四の「上杉系図」には、憲房は顕定の養子としては記されておらず、周清《しゅうせい》（周晟とも）の子と記されている。後者には興味深いことに、これに加えて房顗の子、顕定の兄弟としてもみえる。

　後述するように、憲房の誕生は応仁元年（一四六七）とされ、房顗は文正元年（一四六六）に病没しているので、これは成立しがたいようにみえるが、憲房の生年は推定であり、確実とはいえない。房顗が僧形の兄弟の生まれて来る子を引き取ったとも考えられる。

　これに対し、巻第百五十三の別本の上杉系図では、憲房は扇谷朝定《ともさだ》の子（養子か）としてみえ、「管領顕定養子、実周法師子」とある。周法師は周清を指す。米沢上杉家に関わる「上杉系図大概」にも、「顕定養子」とみえる。さらに『寛政重修諸家譜』にも、同様の記述がより整理されて登場する。

　憲房の実父周清については、「禅僧秀晟蔵主、大徳寺、道号文明」、「字文明、大徳寺僧、後上洛」、「禅僧大徳寺僧、号晟蔵主、道号文明、後落堕」とみえる。大徳寺は京都にある臨済宗の名刹であり、先

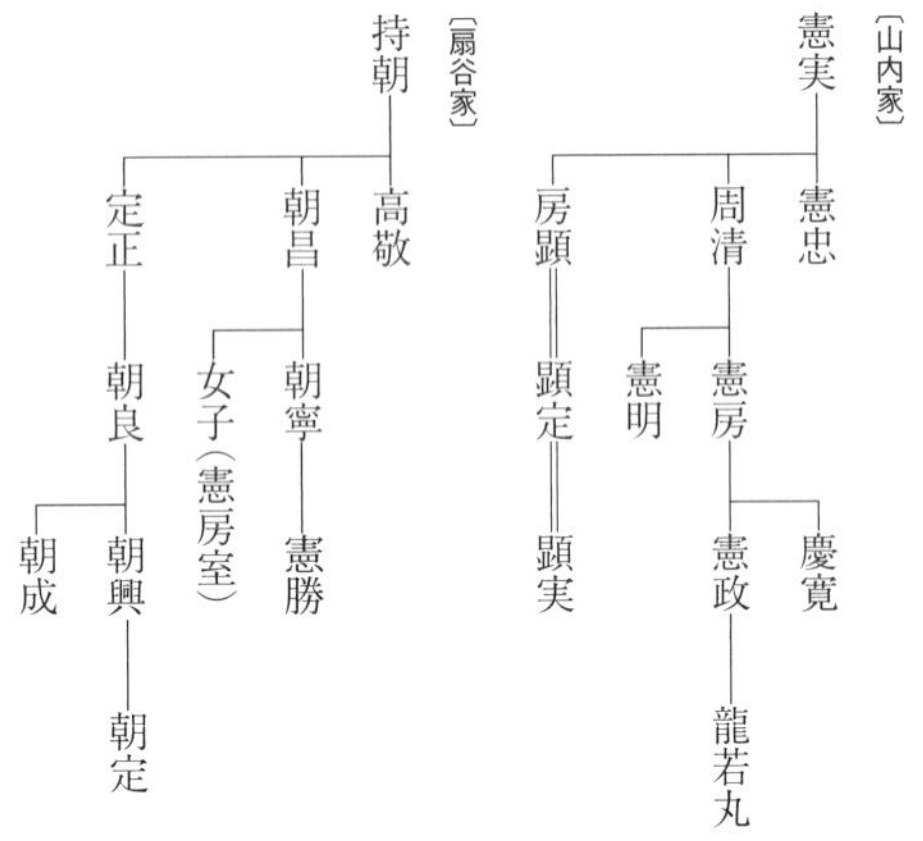

系図1　上杉氏略系図

述したように、彼は父の命に従って僧籍に入っていた。蔵主《ぞうす》は、禅寺においては経蔵《きょうぞう》を司る僧、ないしは首座《しゅそ》に次ぐ位の僧を指す。上杉氏の出ということから大徳寺で修行し、ある程度の地位に就いたが、「後落堕」とみえるので、挫折したともみられる。周清の子は、憲房のほかに憲明《のりあき》と女子がみえる。憲明は越後の上条上杉氏の養子に入り、永正七年に起こった椎谷合戦で討ち死にしている。さらに、「平姓真壁氏系図」によると、真壁朝幹《ともとも》の娘が周清の妻であったという記述があり、真壁氏が母であった可能性が指摘されている（黒田基樹③）。

このようにみると、憲房が房顕の養子となったことも一概に否定できないが、憲房が顕定・顕実の後に家督を奪い取ったことから、骨肉の争いを隠蔽する目的で、後世に意図的に書き換えられた可能性が高いと考えざるをえず、それを行ったのは米沢藩上杉氏かもしれない。憲房の地位は、むしろ房顕の養子となったことによって押し上げられたとみるほうに現実味がある。さらに、顕実が入る以前は、憲房が暗黙のうちに顕定の後継者としての地位を認められていたという可能性もあり、憲房自身がそう考えていたとしてもおかしくない。憲房の妻は扇谷朝良の実姉妹（朝昌《ともまさ》の娘）であり（「上杉系図」）、この婚姻がいつ行われたかは不詳であるが、扇谷家と山内家の関係融和を図るための政略婚であったことは明らかである。

憲房を擁立した長尾景春

山内家内における憲房の地位をみるとき、これまで明らかでなかったことを示すのが、次の文書である（黒田基樹③）。

祈祷の事、申し候の処、不動護摩供《ふどうごまく》一七ヶ日修せられ、百座一衆同心して精誠《せいせい》あり、巻数《かんず》一枝給ひ候、目出忝く存じ候、定めて具《つぶさ》に長尾右衛門尉方より申すべく候、恐々謹言、

四月廿八日　　　憲房（花押）

鑁阿寺衆僧御中

これは足利市の鑁阿寺に伝来した文書で（群一九五三）、今のところ憲房が発給した初見の文書である。憲房は鑁阿寺に七日間の「不動護摩供」の行が完了して、「巻数」、つまり読誦した修法《すほう》の名称・回数・日数を記した文書が届けられたことを慶んでいる旨を伝えている。「不動護摩」は、護摩を焚いて行う不動明王に捧げる密教の重要な修法である。空海が日本に伝え、平将門の乱のときに効験《くげん》があったとされる。憲房は出陣・合戦を控え、その勝利を祈るためにこれを行わせたのである。

また、これには関連文書がある。「鑁阿寺文書」に同じ日付の同じ趣旨の文書がある（群一七五四）。それは、右衛門尉景春《かげはる》が同寺から「不動護摩供」の「巻数」が届けられたことを慶び、所領を寄進することなどを伝えたものである。この文書は宛所が「不動院」であるが、同院は鑁阿寺の子院（塔《たっ》頭《ちゅう》とも）で、憲房と景春が同日に同寺に巻数の到来を確認し、謝していることがわかるが、景春書状は憲房の書状中に「長尾右衛門尉方より申すべく候」とある記述に対応する。これは、憲房が認《したた》めた書状に、景春が自分の書状を副えて鑁阿寺に送ったことを示す。景春の書状のほうを副状《そえじょう》というが、これは貴人が書状を送る作法の一例であり、主人の書状に、家宰に当たる人物が副状を添えて

相手方に送るという形式である。

このようなことから、憲房と景春は一体で行動していたことがわかるが、景春は憲房を補佐し、盛り立てていたことになる。さらに、景春は四月十三日にも祈祷のことについて鑁阿寺に書状を送っている。こちらの書状では、次のように述べている（「鑁阿寺文書」）。

当陣祈祷の事、屋形より申され候、別して御懇祈、公私の御為、肝要たるべく候、

「当陣」とあることから、彼は戦に臨んでいたが、「屋形」から祈祷を命じられ、十三日に鑁阿寺に取り次いだ。この結果、鑁阿寺で七日間祈祷が修せられ、祈祷の完了を示す巻数が届き、二十八日に、景春はそれを謝する屋形の書状に自らの書状も副えたのである。屋形は憲房を指すことに問題はないであろう。景春は憲房を御屋形として仕える立場にあり、同日付であることから、彼らは同陣していたこともうかがえる。祈祷の目的は、出陣に際してこれから始まる戦いの勝利を祈るものであったことも明らかである。

これらの文書については、文明〜長享期とする説、永正二年（一五〇五）かとする説など議論が行われていたが、文明十三年（一四八一）とする説が有力となってきた。その根拠として、不動院は鑁阿寺の子院で、丑年に寺院の事務を行う年行事《ねんぎょうじ》を務めていたが、景春が白井長尾氏を相続し、入道して伊玄《いげん》と名乗る間までの丑年は、この年しかないためという。また、憲房はこの年十五歳で、元服直後と考えられるともいう。

文明八年六月、景春は五十子陣を攻め、翌年正月これを陥落させた。これに対し、顕定方の太田道

長尾景春の拠点となった鉢形城跡　埼玉県寄居町

灌らは同年五月に用土原《ようどはら》（寄居町）で景春を破って撃退させた。このとき、景春は古河公方足利成氏とも連携しており、成氏は同年七月には滝（高崎市）まで進出し、上杉方と決戦に及ぼうとした。ところが、成氏は翌文明十年正月に広馬場《ひろばば》（榛東村）で上杉勢と対陣し、ここで都鄙の和睦を推進するという条件で、上杉方と劇的な講和に踏み切ったのである。ただし、上杉方はその後も抵抗を続ける景春とその与党とは戦いを継続した。景春は武蔵国内を移動し、鉢形から秩父郡内に退いて抵抗を続けたものの、文明十二年六月に重要拠点の日野要害（秩父市、熊倉城とも）を攻略され、以後、抵抗は沈静化に向かった。

　ところが、前述したように、文明十三年四月に景春は憲房の擁立に成功し、再び表舞台に姿を顕したのである。これまでは、いわば単独で山内家に抵抗してきたが、上杉一族を擁して新たな活動を始めたことになる。憲房は、これまで上杉家に敵対してきた景春と提携し、場合によっては顕定に対抗する勢力の頭目に祭り上げられたことになるが、なぜこのような道を選んだのか、という疑問がわく。

　幼年で世事に馴れないため、単に景春に担がれただけともみられるが、憲房の側にも目算や大義があったと考えるべきである。憲房が顕定に対抗できることは、自身が憲実の直系で、憲実の弟清方の系譜を引く顕定より、山内家内の序列としては高いということであろう。景春もこれによって反逆の濡れ衣を糊塗し、家中から新たな味方を結集しやすくなったことも事実であろう。

しかし、憲房は顕定に敵対する立場を取ったのであろうか。そのことに関連して参考となる史料が、「内閣文庫所蔵蜷川文書」中にある。蜷川親元《ちかもと》が自身で書写した文明十二年の八通の関連文書案群であり、内容は成氏が都鄙和睦を進めるための工作を示すものである。ここからは、広馬場陣以降、成氏は将軍家との和睦に自ら腐心したことがわかる。

同文書中の二月二十五日付の書状によると、成氏は幕府前管領細川政元《まさもと》に対し、「将軍家に対して野心を持っていないことをしばしば言上しているのになかなか通じない。上杉家との和睦はすでに成立しているので早く本意を遂げたい。ついては長尾景春を『長棟名代』として補佐させており、景春から注進を捧げるので対応を願いたい」と伝えている。また、同日付の景春の小笠原備後守宛ての書状もある。景春は、成氏の補佐役の立場で京都との交渉に関わっていたことになる。

伝上杉憲実の墓　このほか同所には上杉憲基・憲忠と伝えられる墓がある　神奈川県南足柄市・珠明寺

この文書で、景春が「長棟名代」とされているのは注目される。長棟は上杉憲実のことで、このときはすでに存命ではない。かつて憲実は、関東管領として成氏の父持氏を補佐していたのは事実で、景春は成氏から憲実と同様な立場に任じられていたとも考えられる。長尾一族は、その主上杉氏の命でしばしば京都に赴いて幕府との交渉に当たっていた実績があり、このような交渉ごとに精通していたともみられる。成氏の直臣では幕府も受け付けなかった可能性もあり、成氏は、景春を幕府との仲介が可能な者として指名したのであろう。

しかし、景春を「長棟名代」というのは奇異の感が残る。この名称は上杉一門に与えられるべきものであろう。そこで、景春が憲房の家宰であったことがクローズアップされる。景春が憲房の家宰の立場にあったことから、「長棟名代」とみなされた可能性が考えられるのである。しかし、景春は上杉家を裏切って打撃をもたらした人物であり、上杉一門が簡単に連携を許す相手ではない。そこで都鄙の和睦という大義名分が、憲房と景春を結びつけたともみられる。景春がそれを憲房にもちかけて、その旗印として推戴し、憲房はそれによって、山内家中に独自の存在感を高めようとしたという意図があったかもしれない。

そう考えると、文明十三年の憲房の出陣は、山内家内の都鄙の和睦に反対する勢力との戦いとなる。関東では成氏方と血みどろの合戦が長期にわたって続いたため、和睦推進に拒否的な人々も多かったと考えられる。ただし、この場合、顕定と憲房に直接対峙するといったものとはみられず、実際にこの段階で大規模な衝突は起こってはいない。なお、都鄙の和睦は景春の貢献も多少はあったかもしれないが、主には越後上杉房定の尽力によって、文明十四年十一月に日の目をみた。

憲房による家督掌握

都鄙の和睦、享徳の乱の終結によって一時平和が訪れるが、まもなく永正の乱が勃発したことは既述した。この間の憲房の動きを示す史料は少ないが、顕定に従って鉢形城にいたと思われる。景春はその後も顕定と対立し、各地で抵抗を続けていた。憲房は、この段階では景春とは一線を引いて、立場を異にしていたとみられる。

憲房については、上杉定昌の勢力基盤を引き継いで、白井に拠点を持っていたとする見方がある（森田真一④）。定昌は、顕定を助けるために文明五年（一四七三）頃に越後から関東に入り、白井城にいたという。白井城は山内家を援ける越後の軍勢が駐屯していた拠点であった。彼は享徳の乱終結後も白井城に留まっていたとみられ、長享の乱が始まると、顕定を援けて扇谷家との戦いに従った。ところが、長享二年（一四八八）三月、定昌は謎の自害を遂げた。その背景として、弟の房能との家督争い、長尾景春の白井城攻撃などの事情が考えられるが、真相は不詳である。なお、定昌は文芸に強い関心を持っていた人物で、白井には堯恵《ぎょうえ》・宗祇《そうぎ》ら文人が訪れている。

定昌は、十五年間も白井を拠点に活動していたことになるが、この状況はここに上杉家の分家が置かれていたからとも考えられ、それを憲房が継承した可能性があるという。例えば、定昌の側近であった石川駿河守が、永正六〜七年頃には憲房の近臣として活動しており、その可能性を示唆する。また、憲房は上野に隣接する越後国上田荘の支配にも関わっており、上野北部から越後南部に所領を蓄積していたともみられるが、この時期の憲房の拠点については不詳である。

永正六年（一五〇九）、顕定・憲房は越後国への出兵を敢行した。これに先立って、長尾景春は越後の長尾為景の動きに呼応し、白井城を攻め取ったという。景春は再び山内家の動きを妨げる動きを示したのである。このとき、憲房が軍勢を率いて白井城を奪い返し、さらに景春に同調した沼田氏も降参させたという（群二〇八七）。この後、山内勢は越後に進出したが、翌年、椎谷合戦で顕定が討たれ、この企ては水泡に帰した。憲房は白井城に戻ることができたが、今度は景春が為景の協力を得て白井城を攻めた。そのため、憲房はここからも落ち延びたという（同前）。

前述したように、その後、憲房が顕実を逐って家督を奪取したが、その背景を検討してみよう。顕定・憲房が越後で苦戦していた頃、為景と結ぶ伊勢宗瑞も、南から扇谷領を侵していた。山内家は直ちに援軍を送って扇谷朝良を助けたが、その直後、顕実と憲房の不和が顕わになった。山内家の内紛は、すでに永正八年九月頃には始まっており（「仁叟寺文書」）、戦乱は上野から武蔵・下野へ拡大する。

この内紛は、古河公方家の内紛に連動するものであった。顕実の実父は古河公方政氏で、政氏は顕実の山内家の家督継承を推進していた。政氏に対抗する嫡子高基は、顕実の同家継承を歓迎しておらず、憲房が家督を狙う気持ちがあれば、高基との連携は容易に成立し、その願いはより実現に近づく。どちらが持ちかけたかは不明であるが、事態はそのように進行したのである。なお、扇谷上杉朝良は政氏・顕実方に味方していた。

顕実についた武士としては、側近として仕えた惣社《そうじゃ》長尾顕方《あきまさ》をはじめ、成田顕泰《あきやす》・白倉備中入道・赤井氏・桐生佐野氏らがみえる。一方、憲房側には足利長尾景長《かげなが》・安保丹四郎・木部隼人祐・寺尾左

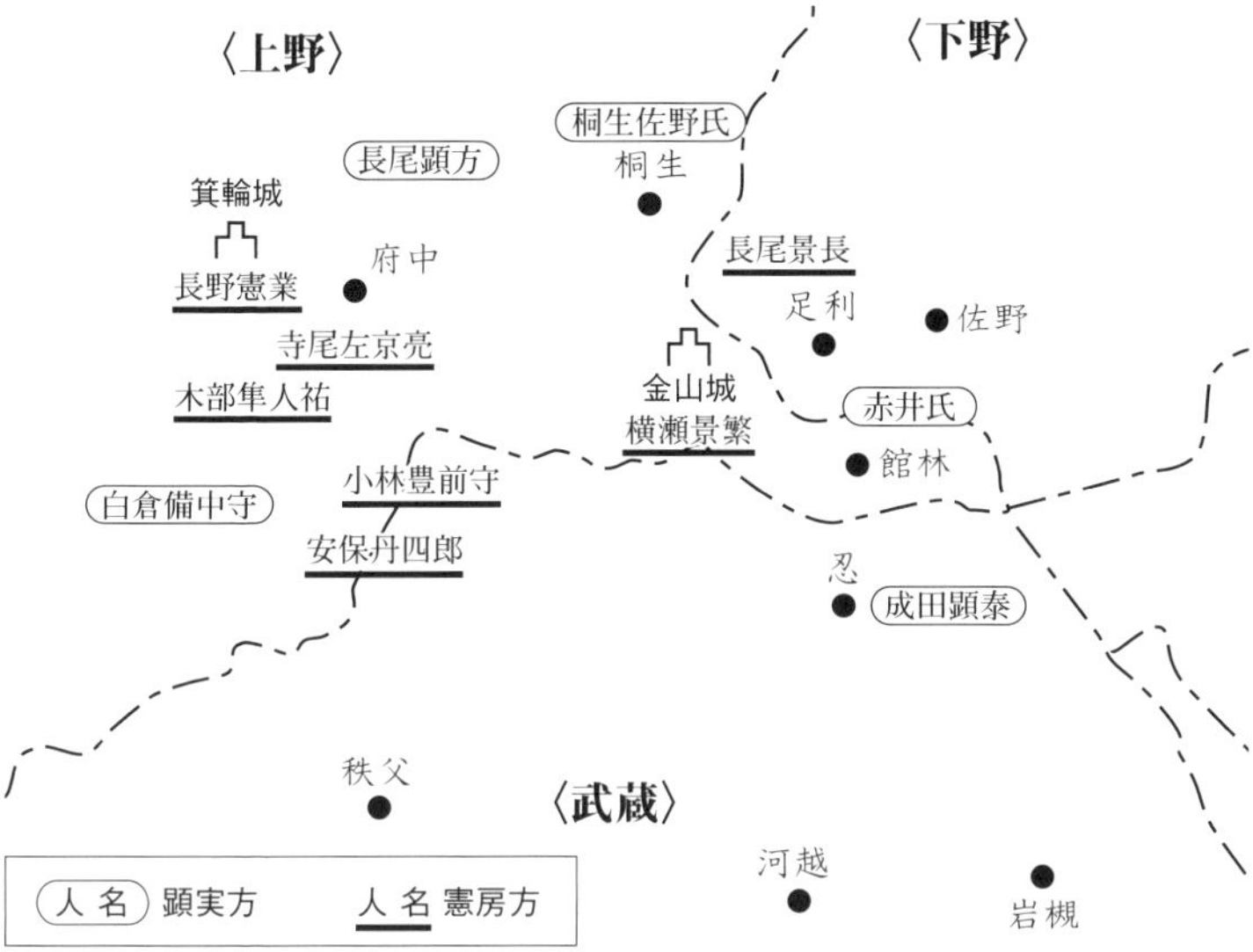

図2　顕実方VS憲房方の勢力図

京亮・小林豊前守らが従い、箕輪《みのわ》城主長野憲業《のりなり》や金山城主横瀬《よこぜ》景繁《かげしげ》もみえる。以上から、山内家を二分する対立であったことがわかる。

永正九年六月、憲房方の軍勢が鉢形城を急襲し、顕実を降伏させた。同月十九日付の上杉朝良（建芳《けんほう》）書状には、「鉢形、三日相かかへられず落居す、言説及ばず候」（「堀内文書」）とみえ、急襲が功を奏し、わずか三日の攻防で落城した様子がうかがえる。その結果、顕実は古河の政氏の許に退去させられ、憲房の山内家家督・関東管領職の継承が実現した。一方、古河公方家では政氏が劣勢となり、高基に古河城を明け渡している。これによって、高基は事実上古河公方に就いたと考えられ、憲房・高基方が勝利し、新たな体制が始まったことになる。

憲房の死

家督を継承した憲房の時代は、大永五年（一五二五）に没するまでのわずか十三年間にすぎない。この頃の憲房には、山内家を存続させるためのさまざまな問題が山積していた。敵対する越後長尾氏や伊豆から相模に進出した伊勢氏、さらに武蔵の扇谷家との関係をどう打開するか、また、顕実との相剋によって決定的となった家中の分裂を、どのように修復するかなどである。ただし、長尾景春については、景春が永正十一年（一五一四）に没したため関係が解消された。憲房の毎日は、それらの対策に腐心する日々であったと思われるが、その多くは解決されることはなく、次代の憲政に持ち越されたと考えられる。

この時期、南関東でも大きな変化が起こっていた。扇谷家と伊勢氏との関係である。両氏は協調していた時期もあったが、この間に力をつけた後者による扇谷領国への勢力拡張が、あからさまに行われるようになったのである。

永正十五年四月、扇谷朝良が没し、その跡を甥朝興《ともおき》（朝寧《ともやす》の子）が継いだ。一方、その翌年には伊勢宗瑞が没し、氏綱《うじつな》が家督を継いだ。氏綱は大永年間（一五二一〜八）に入ると姓を北条と改め、本格的に北上を開始し、手始めに武蔵南部の武将たちの調略を進めた。そのため、朝興もこれまでの政略を変え、山内家との融和に転換し、両家の和睦は大永四年に成立する。

憲房の居城平井城の背後の多胡《たご》荘（高崎市吉井町長根）に、仁叟寺《じんそうじ》という古刹があり、古文書が残されている（「仁叟寺文書」、黒田基樹⑦）が、その中に大永二年の文書群がある。同年二月日の扇谷朝

仁叟寺　群馬県高崎市

興禁制写、同年十月日の平某奉書禁制写、同じく某（長野氏か）奉書禁制、同年十一月日の扇谷朝興禁制写、同じく宗廉禁制写、同じく某隆世奉書禁制写などである。これらから、仁叟寺は同年中に六通の禁制を入手していたことがわかる。禁制は軍勢などの進駐に際し、その濫妨狼藉《らんぼうろうぜき》を禁じてもらうためのものである。朝興はこのとき憲房と敵対しており、それに備えて仁叟寺はこれらを入手したことになる。平井城の背面に敵軍の侵攻が予測されていたのは驚きであるが、実際に軍勢が侵攻したかどうかは不詳である。なお、室田の長年寺にも平某禁制写が出されており（群一九三九）、暗雲は西上州一帯に広がっていたようである。

　山内・扇谷の同盟が成立した大永四年正月、扇谷家の居城江戸城が落ち、朝興は河越城に退去したため、憲房は援軍を出して朝興を援けている。なおこの頃、上野国内でも戦いが起こっていた。惣社長尾顕景《あきかげ》・白井長尾景誠《かげのぶ》らが北条氏に味方して上杉家に敵対していたのである。

　これに関して、両人が越後の長尾為景に送った十二月十六日付の書状がある（群一九五七〜六〇）。この書状は従来、大永七年のものとされていたが、近年、同四年とする説が有力になってきた（黒田基樹⑦）。これらの書状によると、惣社城は長野方業《まさなり》と厩橋《まやばし》長野宮内大輔（賢忠《けんちゅう》）らの攻撃によって落城寸前となっていること、両長尾氏が御屋形（憲房）に詫び言を申し上げているが、まだ許しは得られておらず、そこで両長尾氏は為景に援軍を求めるとともに、御屋形へのとりなしを期待していた、などのことがわかる。この争いは、北条氏についた長尾一族を、憲房に従う長野氏が攻めるという形をとっているが、その背景に、隣接する領主間の紛争もあった。これについては、上野国守護である憲房の力量が問われていたとも考えられる。

憲房は、大永五年四月十六日に没した。享年五十九歳で、法名は龍洞院道憲大成という。「上杉系図大概」には「於上野国高山庄平井陣逝去」とみえる。これにより平井城内で病没したとみられる。なお、昭和五十五年に、東平井の円満寺の行人塚から憲房の墓碑が発見されたが、これは江戸時代のものである。また、憲房は足利学校に『孔子家語』・『後漢書』を寄進している。学問の素養もあったと思われるが、足利学校は祖父憲実が再興したもので、祖父に倣ったものであろう。

第二章　憲政の登場と上野国内の混乱

憲房から憲寛への家督継承

憲房の没後、山内家の家督を継いだのは憲寛《のりひろ》（憲広とも）である。憲寛は古河公方足利高基の次子で、憲房の養子となった人物である。この家督継承は、いつどのように進められたのであろうか。「喜連《きつれ》川判鑑《がわはんかがみ》」大永五年（一五二五）条に、次の記述がある。

四月十六日、山ノ内管領五郎憲房卒ス、高基ノ次男三郎殿ヲ憲房養子トシテ、山ノ内ノ跡ヲ継シム、憲広ト号、憲房実子憲政幼稚ノ間、成人之程憲広管領タリ、

これによると、憲寛が山内家に入ったのは、憲政が幼かったため、成人するまでの中継ぎのためであったようにみえるが、疑問もある。憲寛の実年齢は不詳であるものの、憲政より年長であったことは確かであろう。実子が生まれた後に養子を取ることは、家中の揉め事となることが多く、普通は考えられない。

「上杉系図」によると、憲寛について「四郎、養子、任管領」とあり、房顕・顕定らと同じ四郎という仮名を名のっており、家督継承者として管領職に就任したことがうかがえる。高基の子であることから、憲房との連携が成立した永正八年（一五一一）前後に両者の絆を強める政略として実現した

可能性が高い。それから憲房が没するまで十四年であるが、この間に元服していたとすれば、家督相続のときには二十歳前後であったろう。

これに対し、憲政はどうであろうか。死没は天正七年（一五七九）三月十八日とされる。時日はともかく、没年は動かない。一方、確実な記録ではないが、近世成立の記録類には、そのときの年齢が記され、「北越軍記」では五十六歳、「上杉米沢家譜」では七十三歳、「上杉家記」では七十六歳とみえる。なお、「年代記配合抄」では大永三年生まれとある（『北区史』資料編古代中世2）。さらに、「武家事紀」には憲房の没時（大永五年）に三歳とみえる。

これらの記事から、憲政の生年は大永三年頃とする説が有力とされている。そうであれば、父憲房が五十歳代後半のときの子となる。五十代近くまで実子が出来なければ、その段階で養子を迎えるという選択を取らざるをえないであろう。加えて、越後上杉一門から養子を迎えることが困難であれば、古河公方家から養子を取ることは現実的な選択である。憲政が生まれた段階で、その成長後に交代するという合意はあったかもしれない。

憲寛の活動をみると、憲房が没する直前の大永五年三月十日頃に、菖蒲《しょうぶ》要害（久喜市）に攻め懸かっているのがみえる（群一九四七）。このとき、憲寛は「御連枝四郎殿」とある。菖蒲城主金田佐々木氏は古河公方の奉公衆であったが、この間、北条氏方に転じていた。憲寛は実家の古河公方家を援けるため、この戦いに参加していたことがわかる。憲房の名代として参戦していたのであろう。

その直後、憲房が没し、憲寛が山内家当主となった。翌大永六年九月十三日、憲寛は雄進《すさのお》神社（高崎市）

の神官高井左衛門大夫に書状を送り、出陣祈祷の巻数到来に謝意を表している（群一九五六）。武蔵南部では、北条氏と扇谷上杉朝興との間で激しい攻防が行われており、朝興は蕨《わらび》城（蕨市）を奪還し、小沢城（川崎市）を攻略していた。憲寛の出陣は朝興の救援のためであり、彼らは十一月頃に玉縄《たまなわ》城（鎌倉市）を攻撃し、鵠沼《くげぬま》（藤沢市）まで進出している。安房の里見氏が鎌倉に侵入し、鶴岡八幡宮を焼いたのはこのときのことであった。この段階では、上杉方は江戸城を奪われたとはいえ、北条氏を圧倒していたのである。

五月七日に長尾憲長《のりなが》が鑁阿寺安養院に、巻数とともに抹茶が届けられたことを謝する書状を送っている。相手が年行事を務める安養院であることから、これは亥年に当たる大永七年のことである（群一九六一）。憲長は「此の口造意在城に付」と述べ、いずれかに出陣・在城していたことがわかるが、武蔵の可能性が高い。憲政が出陣したとも思われないので、憲寛に従っていたのであろう。

その後、しばらくの間山内家の動きを示す史料はみえないが、「喜連川判鑑」によると、享禄四年（一五三一）九月三日の事として、「山ノ内上杉憲政、憲広ニ代テ管領職ト成ル、憲広、晴直ト改ラル、宮原ノ祖ナリ」とあるので、この頃、憲寛に代わって憲政が家督を掌握したとみられる。なお、享禄期と思われる鎌倉の慈眼寺に宛てた同人の書状（三月十七日付）に、「去年以来懇祈に励めらるる段、承り候、忻悦候、不例今に思わざる様に候」と伝えている（「相州文書」）。これによるとこの頃、彼は長病に罹っていたようである。憲寛は上総宮原（市原市）に移り、晴直《はるなお》と改名し、宮原御所と呼ばれたが、その後のことは不詳である。

享禄の山内家の内訌

憲寛から憲政への代替わりは、憲寛の病が原因であったようにみえるが、実は権力闘争の結果であったことが明らかにされている。これについては、「本朝通鑑《ほんちょうつがん》」に関連する記事があるという（黒田基樹⑨）。同書は、寛文十年（一六七〇）に江戸幕府が編纂した漢文編年体の日本通史であるが、続編に中世の部分が載っており、享禄二年（一五二九）条に次の記事がある。

正月二十四日　長尾八郎、同族長尾景誠の振権を忌み、竊《ひそか》に矢野氏にこれを害せしむ、

八月十四日　上杉憲寛、上州安中城を攻む、上杉朝興これを止む、憲寛聴かず、而して兵を発す、

九月二十二日　上杉憲寛部下西氏・小幡氏等叛す、故管領憲房子憲政を立つる、時に竜若と称し、山内家を継ぐ、而して憲寛を安中陣に破る、憲寛上州程田陣に移る、長野一族これに従ふ、

これらの記事には根拠となる出典がみえず、信憑性に問題はあるが、このとき憲寛と憲政の間に武力抗争が発生した可能性は高い。

これらの記事によると、まず正月二十四日に長尾八郎が長尾景誠の家臣矢野氏に命じてひそかに景誠を殺害させたことがみえる。その後、八月になると、憲寛は安中城攻めを企図し、扇谷朝興がこれを止めたのにも関わらず兵を発したことがみえる。さらに、九月に入ると西氏・小幡氏が憲寛に叛旗を翻し、憲政を擁立して憲寛の安中陣を攻め破ったため、憲寛は程田に退いた。このとき長野一族が従っているが、長野一族（箕輪・室田・厩橋など）が憲寛派の中心であったことが想定される。

まず、最初の景誠の密殺については、「雙林寺伝記」に関連記事がある。それによると、白井長尾家では景英《かげひで》が大永七年（一五二七）十二月五日に四十九歳で没し、その跡を景誠が継ぐが、景英の四十九日の法事の席で、「野心の家来」に殺害されたとある。ここでは、景誠の殺害事件は享禄元年に起こったとしている。その後、景誠の母が箕輪城主長野業政《のりまさ》の娘であったことから、業政が白井に入って長尾家の家臣らと「志を合せ」、惣社長尾家から景房《かげふさ》（憲景《のりかげ》と改名）を招いて継嗣としたという。

これによって、景誠が殺害されたことは事実とみられる。この事件が山内家の内訌にどう関わるかを検討してみよう。業政は憲寛擁立派の先鋒であったことは間違いない。白井長尾家の騒動が単純な家内の事件であったとしても、同家への介入は憲寛の容認を得てのことであろう。家臣らと志を合わせたとあることから、家中には業政の介入を支持する人々もいたことになる。業政としては、白井長尾氏が憲寛に対抗しないようにすることが優先されたであろう。したがって、白井長尾氏・惣社長尾氏とも、この時点では憲寛を支持していたとみられる。

そこで、状況は次の段階に進む。憲寛は、反対する勢力を屈服させることに腐心するが、まず安中《あんなか》氏がその対象となった。八月に、憲寛は軍勢を動員して安中城を攻めたが、これに対し、翌月になると西氏・小幡氏が安中城の後詰め・救援に動き、憲寛方の陣を攻めた。これによって憲寛は程田（高崎市保渡《ほど》田《た》町）に移動したが、ここは箕輪城の東南四キロほどの場所で、方形館を要害化した保渡田城址がある。惣社長尾氏の居城惣社城にも近く、この時点では最も安全な場所であったとみられる。なお、憲寛を諌止した朝興は、武蔵南部で北条氏康《うじやす》と激しく対立している最中で、山内家内の内紛に困

安中氏の居城であった安中城跡　現在ではほとんど遺構が認められず、安中小学校の入口脇に石碑が建てられている　群馬県安中市

惑し、反対の姿勢を示すのは当然であった。朝興の諫止にも関わらず、憲寛が安中氏討伐を進めて内紛が拡大したが、山内家の援助を失った扇谷家は劣勢に陥った。

安中城の攻防戦について、いつどのような状況でということは不明であるが、安中氏と長野氏の抗争を伝える伝承がある。岡山藩に仕えた上泉治部左衛門が藩に差し出した家譜に、次の記述がある（「岡山藩家中諸士家譜」五、『安中市史』資料編4）。

　安中城主と永野信濃守合戦の時、上野国一本の鑓と信濃守方より感状を送り申す事、上野国にその隠れなく御座候、

治部左衛門は上泉伊勢守信綱《のぶつな》の子孫であるが、信綱は長野氏に仕えて「家の十六人の鑓《やり》の内」と称されたという。安中氏と長野氏の武力抗争については、このとき以外には想定できず、信綱はこの合戦で名声を高めたかもしれない。

「本朝通鑑」以外にも、この頃、西上州において軍勢が動いたことを示す史料がある。翌享禄三年五月日、左衛門尉という人物が多胡荘の仁叟寺に軍勢・甲乙人《こうおつにん》の濫妨狼藉を禁ずる禁制（写）を出している（「仁叟寺文書」）。これによりこのとき、当地で軍勢の進出が予測されるなどの事態があったことがわかる。左衛門尉については花押影《かおうえい》はあるが、誰かは特定できない。これによって平井城周辺に

も軍勢が進出していたことがうかがえるが、平井城をどちらが確保していたかは不詳である。

さらに、憲寛方に長野氏以外に高田・守山・三富氏らが従っていたことが史料にみえる。例えば、憲寛は守山与五郎に次の感状を出している（「森山文書」）。

先勢としてその地在陣の由、高田伊豆守注進、その口において各戦功を相談す、感悦たるべく候、

恐々謹言、

五月二十一日　　憲寛（花押）

守山与五郎殿

これによると、守山氏は先発隊としてその地に在陣していたとみえ、高田伊豆守の注進によってこの感状が下された。高田氏は安中氏領に南接する菅野荘（富岡市妙義町）の領主である。憲寛が発給したもので、享禄頃のものであることは明白であり、享禄二年のものであれば、安中城攻めはこの時点で始まっていたことになる。守山氏は高田氏の配下とみられ、地域の土豪クラスの武士であろうか。

十月二十五日、憲寛は三富平六にこのたびの忠信を褒め、「用土新三郎跡赤浜」を与えることを伝えている（「志賀槙太郎氏所蔵文書」）。赤浜は寄居町の地名で、用土新三郎（業国《なりくに》）が敵対したため、その所領の一部が三富氏に与えられたのであろう。なお、三富氏については三富新左衛門尉が憲房の奏者《そうじゃ》を務めているのがみえ（「御府内備考」続編二）、山内家の近臣であったとみられる。

さらに、憲寛は十月二十九日に「小幡左衛門尉当知行之内上野上」を寺尾左京亮に与えると述べている（『岩神書店目録』二三号）。これも小幡顕高《おばたあきたか》が敵対したことが明確になった時点で、その所領を

味方となった寺尾左京亮に宛て行ったものと考えられる。寺尾氏は、高崎市寺尾を苗字の地とする武士で、室町期に伊豆国の守護代を出した一族である。さらに、憲寛は十二月三日付の文書で土肥某に右衛門尉の官途を称すことを許している（「中村不能斎採集文書」九）。土肥氏は相模出身の武士とみられるが、これ以外にその動向を示す史料はない。

利根・吾妻郡域の抗争

このときの沼田氏の動向を暗示する史料もある。十月二十一日の日付で惣社長尾顕景（元昶）が越後の長尾為景に宛てた書状に、次のような記事がある（群一九六九）。

沼田の義に就き、先度啓せしめ候き、骨肉を愍《あわれ》み候上、今度に於いては、中務大輔越度これ無く候、発智越前守連々中務大輔に対し、慮外の儀共その隠れなく候、何篇然るべき様御刷《おんあつか》い、元昶に於いて忝く候、

顕景は為景に、「沼田の義」について前々から何事かを依頼している。沼田中務大輔は自分とは骨肉の間柄で、落ち度はないので適切な「御刷」をしてほしいと述べているが、中務大輔の身分保障の取り成しを頼んだものと解釈されている（黒田基樹⑨）。享禄四年前後の文書ともみられるので、この内訌との関係が考えられる。中務少輔に対し、一族の発智《ほっち》越前守が「慮外の儀」を仕掛けたとみえ、一族内の抗争があったとみられる。この文書が内訌終了後の享禄四年（一五三一）のものであれば、中務大輔について憲政の許しを得るため、元昶が為景に仲介を依頼したと解釈できる。中務大輔は沼

田氏系図にみえる顕泰とみられる。

吾妻郡域でも両派の抗争が想定される。「加沢記」によると、大永の時代に起こったこととして、吾妻郡内の紛争を伝えているが、年代からみて、この抗争に関わる可能性がある。

吾妻郡東部域（吾妻荘）は、鎌倉時代から吾妻氏が地頭として支配してきたが、やがてその力が衰え、代わって大野氏・塩谷氏・秋間氏の三氏が台頭し、三分して支配するようになった。文明の頃、兵乱が起こって三家が不和になった。この混乱を制したのは大野氏で、大野氏は岩櫃《いわびつ》城に拠ったという。その後、吾妻氏の一族の植栗元吉《うえぐりもとよし》が大野氏に背いたので、大野は幕下の斎藤越前守憲次《のりつぐ》にその討伐を命じた。斎藤も大野氏に含むところがあったので、その家臣の富澤但馬とともに謀略を仕掛けた。つまり、斎藤は植栗の館に攻め寄せるふりをして植栗と手を結び、逆に植栗と一体となって大野の館に押し寄せたのである。不意の攻撃によって大野は敗れ、自害して果てた。大野氏を滅ぼした憲次は、吾妻西部（三原荘）の鎌原《かんばら》・湯本・西窪・横谷・羽尾・浦野氏らにも出仕を求めたところ、彼らも応じ、斎藤氏は吾妻全域を支配するようになったという。

この話にどれだけの信憑性があるのだろうか。大野氏については確実な史料には全くみえず、実在の武士かどうか疑問があるものの、斎藤氏については永禄三年（一五六〇）の長尾景虎《かげとら》の越山の際、岩下衆のリーダーとして越前守がみえ、この段階で斎藤氏が吾妻郡域で最有力の武将であったことは事実である。吾妻郡域では吾妻氏の没落後、混乱の時代を経て斎藤氏が台頭したという流れは承服できる。なお、岩櫃城については現状の城址は永禄八年頃に築城されたもので、吾妻氏段階には実在し

岩櫃城跡　険峻な岩櫃山中腹に築かれ、戦国末期には真田氏の支配下になった　群馬県東吾妻町

ない。吾妻氏が拠点としたのは平川戸とみられ、岩櫃城址の東方の平場にあたる。ここには古城・上ノ宿などの字名もあり、岩櫃城に先行する館址や町場があったことが想定される。

斎藤氏は飽間斎藤氏とも称し、岩下城に拠っていた。憲次の名は上杉憲房の偏諱《へんき》であろう。斎藤氏が上杉家中の混乱のなかで実権を掌握したというのは十分想定でき、憲政方となって吾妻郡代として吾妻郡西部の三原荘域まで勢力を広げたものと考えられる。なお、憲次の子が憲広《のりひろ》、その嫡子憲宗《のりむね》・次男憲春《のりはる》と続く。彼らは憲房・憲政の偏諱を受け、上杉氏に忠実に従ってきたことがうかがえる。

もう一度、勢力配置をみてみよう。長野・高田・守山・三富・寺尾・土肥氏らが憲寛に従っており、安中・西・小幡・用土氏らが憲政擁立派であった。惣社長尾・白井長尾氏らも、長野業政が内訌の直前に惣社長尾景房を白井長尾家の家督に入れたことからみて、憲寛側にいた可能性が高く、沼田中務少輔もこのラインに連なっていたと思われる。吾妻では、斎藤氏が憲政側に立って対抗勢力を駆逐した。これをみると、両者ともそれぞれ拮抗する勢力を結集しており、この事件が山内家を二分する騒動であったことがうかがわれる。

安中氏らに擁立されて家督を掌握

このとき憲政はまだ幼児にすぎず、自ら判断を下せる年齢ではない。したがって、取り巻きの人々によって擁立されたにすぎないと思われる。憲政の擁立を推進した中心は安中氏とみられ、西氏・小幡氏らもこれに従っていた。山内家の後継者については、これまでは長尾一族が主導し、寺尾氏なども関わって決定してきたが、彼らの力はこの時期弱体化していた。それに代わって安中・小幡・長野氏らが、山内家政の中心に躍り出てきたのであろう。

安中氏は、越後国新発田《しばた》から移住したとされる（「和田記」）。上杉氏の当主の中には越後から入った者もおり、安中氏もその被官として随行し、碓氷《うすい》荘に所領を与えられて入部したとみられる。この時期の安中氏の当主は、宮内大輔顕繁《あきしげ》かその子であろう。小幡氏は長野氏とともに上州白旗一揆の旗頭であり、この時期の小幡氏の当主は顕高《あきたか》という人物とみられている。顕繁・顕高は顕定の偏諱を受けた人々であり、憲房時代には冷遇されていたのかもしれない。

西氏については該当する武士名もみられず、不詳とされている。そこで考えられるのが、西牧《さいもく》（下仁田町）を根拠地とする武士である。永禄四年（一五六一）冬、武田信玄が初めて上野国内に侵攻したとき、「西牧・高田・諏訪之三城」の奪取を松原神社に祈念しており（群二一二三）、西牧に敵対する有力な国衆がいたことが推測される。地名から西牧氏を名のっていたかもしれない。西牧は下仁田《しもにた》から和美《わみ》峠・内山峠を経て信州に至る上野側の拠点でもあり、近世には宿場（本宿）や関所（藤井関）

が設けられていた。

天正十八年（一五九〇）の秀吉の北条攻めの際、上野には前田・上杉勢が侵入するが、松井田《まついだ》落城とともに「西牧之高田明渡」とみえ（群三六二七）、このときの西牧城主は高田氏の一族であったことがわかる。なお、高田氏の戦国期の居城は菅原城か高田城かとみられ、西牧氏は有力な庶家とも考えられ、享禄の内訌によって嫡流の座を獲得したともみられる。高田氏内にも一族内の相剋が生じた可能性も考えられる。

ところで、山内家の内訌と同時期に古河公方家においても内訌が生じていた。古河公方家では永正期に政氏とその子高基が対立し、高基が勝利して公方の座を奪ったが、その後、高基とその子晴氏《はるうじ》の対立が起こる。両者の対立は享禄二年（一五二九）頃に起こり、同四年六月には晴氏の勝利によって終結した。晴氏側には宇都宮興綱《おきつな》・安房の里見義豊《よしとよ》・武蔵の成田親泰《ちかやす》らが味方し、前公方で祖父の足利政氏や小弓《おゆみ》御所足利義明《よしあき》らも晴氏派であったという（黒田基樹⑨）。

公方家と山内家の内訌は、起こった時期をみれば、相互に関連していたことは疑いない。そのことを直接示す史料はみられないが、両者が無関係に起こったとはとても思えない。内訌は晴氏の元服の直後から始まっているので、まず公方家で対立が起こり、憲政擁立派がそれに触発されて動きを始めたのであろう。憲寛は実兄の現公方高基に従っており、憲政はそれに対抗する人々に担ぎ出されとみられ、晴氏派であった。

北関東で起こった対立の余波は南関東にも及ぶ。北条氏と扇谷上杉氏の抗争はしばらく停滞していたが、享禄二年頃から再開された。このとき、扇谷朝興は叔母にあたる上杉憲房の後室を武田信虎《のぶとら》に嫁がせ、さらに天文二年には娘を信虎の子晴信（信玄）に娶らせて、武田氏との同盟を強化している。山内家があてにならない状況の中で、その後援を期待したのであろう。その結果であろうか、朝興は享禄三年には武蔵府中から小沢城（川崎市）・世田谷城（世田谷区）を陥れ、江戸城に迫り、東武蔵では岩付《いわつき》城も攻略した。

家督継承後最初の課題

享禄四年（一五三一）九月に憲政が憲寛に代わって家督となり、関東管領職に就いた。ただし、「年代記配合抄」によると、天文六年（一五三七）条に「上杉憲正管領、憲広上総□」とみえることから、関東管領職に正式に任じられたのはこのときとも考えられる（黒田基樹⑨）。なお、憲政が大永三年（一五二三）生まれであれば、このとき十五歳となり、元服後ともみられる。関東管領職については古河公方や幕府との交渉も想定され、役職からして相応の年齢が必要とも考えられる。

ともかく、この時点から天文二十一年（一五五二）に北条氏康によって平井城を追われるまでの二十一年間が憲政の時代であり、齢八歳から二九歳頃までに当たる。憲政にとって不幸なことは、家督となったのが年端もいかない幼児の頃であったことである。憲政の最初の課題は、対立によって生じた家中のほころびをいかに修復するかであり、周囲の戦国大名と伍していくために、守護として配下の国衆の再結集をどう進めるかであった。その先に、関東管領として古河公方家を盛り立て、東国の秩序を再確立するという課題があった。しかし、そのようなことを短期間のうちに若輩の身で行うことは不可能に近い。本来ならば適当な補佐役が担うものであったと考えられるが、そのような人物も見当たらない。

まず、戦後処理として論功行賞が行われたであろう。憲政を推戴した安中・西・小幡氏らには恩賞が与えられたと思われるが、この点についての史料はない。敵対した長野氏・高田氏・沼田氏らはその後も活動がみられるが、寺尾・守山・三富・土肥氏はみられない。寺尾氏はある程度有力な国衆であったが、これ以降、上野国内での活動がみえず、これを機に没落・退転した可能性もある。戦いの具体的な進行は明らかではないが、長野・高田氏が生き残ったところからみると、憲政の勝利も合戦による決着というより、優劣が明確になった段階で、憲寛側の有力者が帰順するという形を取ったとも考えられる。そうであれば、所領の没収や新恩なども少なかったかもしれない。

戦国期において、戦国大名・国衆らは家どうしの関係維持・修復のために、政略結婚を推進した。このときも、婚姻関係が彼らの行動に影響を与える一方、戦後の関係改善のため通婚が行われた。「長野氏系図」によると、長野業政（業正）の娘十二人が国衆たちの妻となっているが、これはこのときの国衆の動向や、その後の関係修復にも関わっていたと考えられる。例えば、今回の関係者として名がみえる小幡上総介・同図書之介・成田下総守などに嫁した業政の娘がみえる。小幡上総介は顕景の子憲重《のりしげ》（尾張守）であり、図書助は小幡氏の有力庶子である。業正は永禄四年（一五六一）に六三歳で没したとみえるので（「長純寺記録」）、憲重と業政娘との婚姻は天文期中頃であろうか。そうであれば、長野氏と小幡氏の和睦のために行われた政略結婚となる。成田下総守は親泰という人物で、武蔵忍《おし》城主であった。なお、業政の娘には木部氏・大戸氏・和田氏・倉賀野《くらがの》氏・依田氏・長尾氏などの妻、長野一族の妻となった女性がみえる。長野氏の周辺に位置する人々が多く、これらの多くは長野氏に近い立場の人々であろう。

安中氏をみると、重繁の妻について、沼田顕泰《あきやす》の娘（「沼田氏系図」・「加沢記」）、あるいは長野氏の娘（「長年寺系図」）とみえる。また、高田繁頼《しげより》の妻は安中越前守の娘である（「寛政重修諸家譜」）。この場合も、敵対した家どうしの通婚となる。なお、長野業政の妻としては沼田氏・保土田氏がみえ、最初の妻は内訌以前に沼田氏から迎えていたのかもしれない。これらの通婚について、上杉氏がどう関わったかはわからないが、結果として関係修復を進めるものとなったであろう。

居城平井城と金山城

永享の乱のとき、鎌倉公方持氏と対立した上杉憲実は、「上州平井」に退去したとみえる（「喜連川判鑑」）。このとき、平井城が築城されていたとする説もあるが、白井の誤記とする見方もある。平井の地名がみえる最初の文書史料は、大永四年（一五二四）の長野一族の惣社城攻めに関わる長尾顕景書状であり、顕景は上杉氏の当主を「平井」と呼んでいるが、これは上杉氏の本拠地が平井城であったことによるものであろう（群一九五八）。なお、顕定の時期においては、板鼻《いたはな》に「管領館」などがあり（群一八五九）、そこに守護所が設置されていた。

平井城は憲房以降、戦国期の山内家の居城となったとみられる。ただし、平井城周辺からは憲房時代以前の遺構・遺物も検出されており、憲房以前にも地域を支配・管理する城館が築かれていた可能性もある。おそらく、修築が重ねられて現況のものになったのであろう。平井を含む緑野《みどの》郡域は、伊勢神宮領高山御厨《みくりや》である。同御厨は鎌倉期の記録に「没官地《もっかんち》」とみえる（「神宮文庫蔵神宮雑書」）が、ここは源平争乱のときに没官地として源頼朝が領家職《りょうけしき》を掌握し、頼朝から佐々木盛綱《もりつな》や摂津氏・大江氏ら幕府重臣に与えられた。南北朝期以降に山内家の所領となったのであろう。

なお、この付近を鎌倉街道上道《かみつみち》が通っていた。上道は藤岡市牛田付近で神流川《かんながわ》を越え、高山御厨を縦断して鏑川《かぶらがわ》を越えて高崎市山名町へ入り、観音山丘陵の東麓を通って板鼻で奥大道に繋がっている。つまり、中世の大動脈が平井の近くを通っていたのである。平井城が成立した段階で、この道は平井城下に導かれたとみられる。なお、ここから分岐して鏑川谷を遡り、上信国境の峠を越え、信濃から京へ向かう道もあった。また、平井の東北二キロほどの倉賀野には、江戸時代に烏川・利根川水系の最奥の河岸《かし》があったが、倉賀野河岸は中世にも存在した可能性があり、平井の外港の役割を果たしていたともみられる。平井の地が本拠地に選ばれたのは、この付近が憲房以後の山内家直轄地域の中心になってきたためであろう。

平井城は、鏑川支流の鮎川の中流左岸の河岸段丘上、西平井の地に構築されている。東側は鮎川の比高十メートルほどの断崖で仕切られ、西側はなだらかな傾斜によって丘陵部に連なる。鮎川は数箇所でせき止められ、天然の濠となっていたという。

段丘の南東端に、最長径九〇メートルほどの五角形の本丸が設けられている。その東側と南側は鮎川に面する比高十メートル以上の崖で守られており、周囲は土塁で囲まれていたようである。土塁と堀を隔てた西側に、二の丸とささ郭があった。ささ郭は南側からの侵入を防ぐために設けられたもので、日野金井方面から入る搦め手の虎口《こぐち》が設けられていたとみられる。本丸北側には東側の一部まで帯郭《おびぐるわ》が廻らされ、その東端に本丸に入るための木橋が復元されている。帯郭の北側に三の丸があるが、その中に殿小路《とのこうじ》という地名が残り、重臣らの屋敷があったとみられている。二の丸の北側に新郭（新曲輪）と蔵屋敷があった。なお、近世に作成された平井城の絵図に「障子堀」の形態が描かれているという。

上：平井城本郭西側の土塁
下：平井城東北部の堀と復元された木橋　いずれも群馬県藤岡市

　中心部分の北側の西平井の集落は、庚申《こうしん》堀（荒神堀）と

平井城の要害城として築かれた平井金山城跡　群馬県藤岡市

鮎川によって囲まれている。この部分が城下であり、城下全体が堀で守られる惣構《そうがまえ》であった。惣構を含めた広さは東西五百メートル、南北一キロほどの広さになる。さらにその先一キロの所にも惣構の堀があったとされ、平井城は広大な町場を抱えていたことがうかがえる。

平井城址の西一・三キロほどの標高三二六メートルの独立峰の山頂に、平井城の要害城として金山城が築城されている。城の形は全体として東に開いた馬蹄形である。最高所は山塊の南側にあるが、ここに東西五〇メートル×南北三〇メートルほどの削平地がある。これが本丸である。ここを中心に東へ二百五十メートル、北へは四百メートル、西へは百メートルほど尾根上に階段状にいくつかの削平地が連なり、所々に敵の侵入を拒むため堀切が設けられている。

北へ向かう尾根の先端部分が、ゴルフ場の造成のため破壊され、記録保存のための発掘調査が行われている。これが大手口で、先端部分からその先の尾根を下ると、平井城の西隣にある三島神社の裏手に続く。平井城との距離は八百メートルほどで、緊急の場合、即座に金山城に入ることができた。

発掘調査地点では、大手門址とみられる遺構が発見されている。門は四つの柱穴がある四足門で、

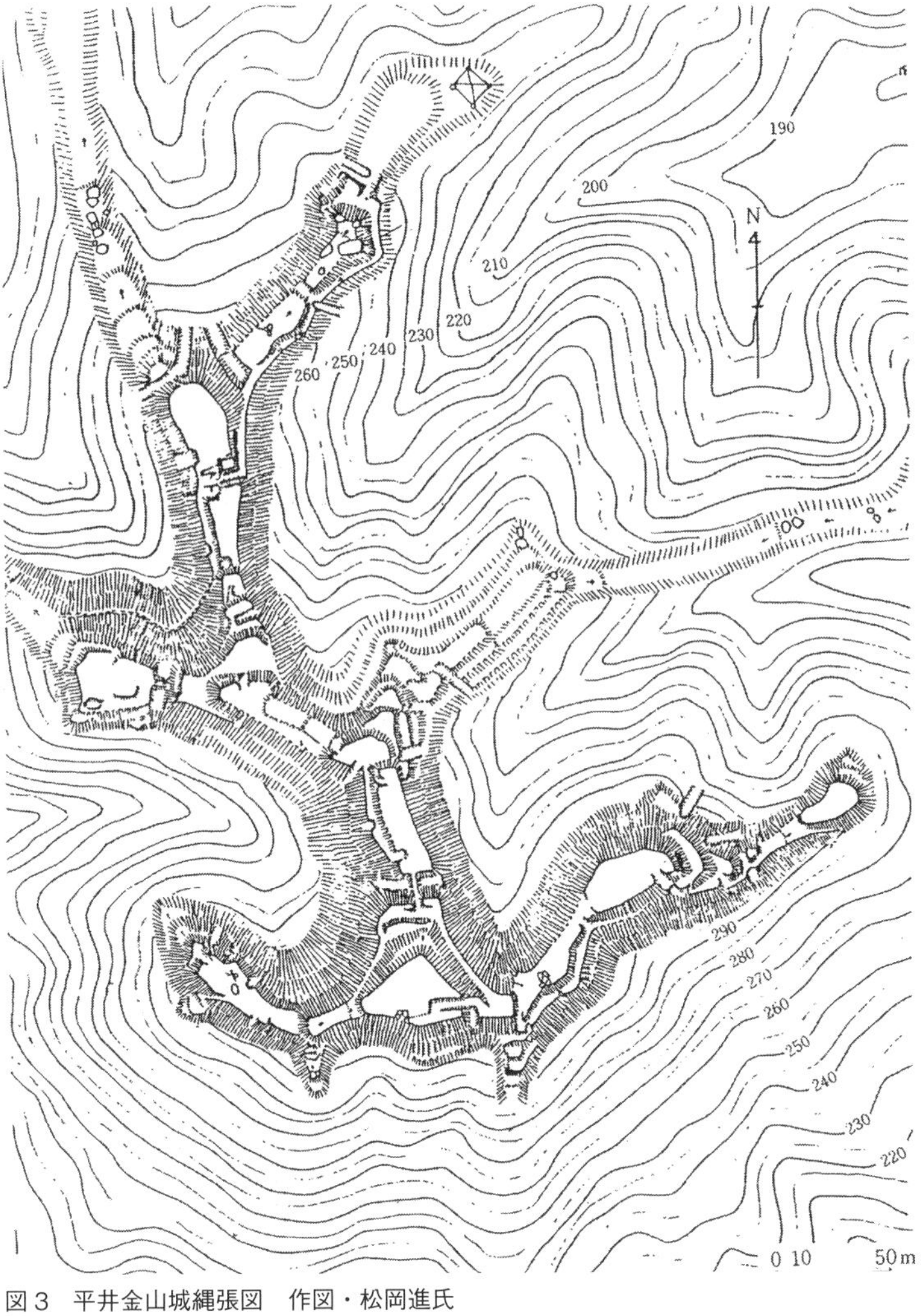

図３　平井金山城縄張図　作図・松岡進氏

二通り確認されているので、二回以上建てかえられたことがわかる。門の手前の通路部分に擁壁とみられる石垣もあった。大手門の上には、郭に入る虎口に角柱を用いた城門（木戸）・腰郭・櫓台・土橋の遺構が発見されている。また、城門が火災にあっていたことも判明している。さらに、遺構の状況から、天正以降の技術がみられ、北条氏段階に存続した可能性も指摘されている。

平井城下の上杉氏ゆかりの寺社

平井城がある西平井には、真言宗仙蔵寺・同寺末文殊院・曹洞宗常光寺・浄土宗清見寺などの寺院と諏訪神社があった。これらは中世に遡り、山内家との関係を示すものが多い。

仙蔵寺は「寺院明細帳」などによると、文応元年（一二六〇）に親玄《しんげん》という僧が創建し、応永三年（一三九六）に定纁《じょうけん》が中興開山したとみえる。寺伝では、上杉憲実が開基したとされるが、それを証明する史料はない。同寺の裏門は平井城址本丸にあった文殊院から明治末期に移築したもので、元は平井城の城門であったという伝承がある。なお、宓蘅秀恵《ひっしゅしゅうえ》が宝永二年（一七〇五）から延享四年（一七四七）の間に祀った、平井城主上杉氏歴代の集合位牌が安置されている。

同寺の寺宝として、狩野正信《まさのぶ》筆とされる「文殊騎獅子手持経巻図」（文殊菩薩図）がある。これは、昭和十二年（一九三七）三月の本堂の修理の際、内陣後壁の中から発見されたものであるが、補紙に「裕勢」の朱文重郭長方印と「正信」の白文鼎印があり、狩野正信筆であることが明らかになった。釈迦如来・普賢菩薩を加えた三幅対とも考えられている。正信は狩野派の創始者であり、上杉氏と京都との交流を示すものと考えられる。裕勢の号は文明年間の末から名のった号であり、この作品は長享元年（一四八七）頃のものである。顕定が入手し、山内家に伝えられたものと考えられるという（『藤岡市史』通史編）。

また、同寺本堂前に「蝸牛石」（デーロ石）があるが、平井地区内にある亀（甲）石・虎石とともに、上杉顕定が造った庭園に配置されていたと伝承される。明治末に本丸から現在地に移されたという。

上：仙蔵寺　群馬県藤岡市
下：仙蔵寺本堂前のデーロ石

真言宗寺院としては、東平井に護国山円満寺がある。寺伝によると、憲実が祈願寺として鎌倉極楽寺から移転したとされ、もとは鮎川右岸の平井城址の対岸にあった。そこに「元円満寺」という小字が残っている。明和五年（一七六八）に現在地に移転したが、火災にあって文書・

記録類はない。本堂内にある像高二二㌢の阿弥陀如来坐像は室町期の作とされる。なお、同寺の行人塚から大永三年（一五二三）銘の五輪塔が発見され、憲房に関わるものともいう。

ところで、円満寺は建長四年（一二五二）に親快《しんかい》が創建した寺院であると伝承されている。親快という僧については、真言宗醍醐寺派の総本山である京都醍醐寺の地蔵院を創建した深賢《じんけん》の弟子に、同名の僧がいる。彼は同流の重鎮として鎌倉の宗教界にも進出していた。円満寺を創建したのがこの親快であれば、鎌倉から移された寺院であることが真実味を帯び、伝承も無視できないものとなる。さらに、仙蔵寺に関わる親玄は親快の弟子である。親玄の孫弟子には榛名山座主《はるなさんざす》となった頼印《らいいん》もおり、山内家と頼印の関係は深い。山内家は鎌倉から上野に去った際、これらの関係寺院も移転させた可能性がある。

上杉氏は真言宗を外護《げご》したが、高崎市下滝町の慈眼寺も、上杉氏に関わりがある寺院である。同寺は奈良時代に華厳宗の良弁《ろうべん》が開創したという伝承があり、東国有数の真言宗寺院であったとみられる。近世には脇坊十二ヶ寺に加え、常法談所を備え、門葉末寺五十二ヶ寺を従え、関東の高野山とも称されていた。「瀧慈眼寺来由」によると、中世には衰退していたが、上杉管領「義綱」が財を投じて修補を加えて復興し、十五世恵胤《えいん》は憲政の連枝として威風を示したとみえるが、上杉氏に義綱という人物はいないので、この部分は明らかに誤伝である。また、大石・小幡・長尾氏らも崇敬したが、兵火によって烏有《うゆう》に帰したともみえる（『高崎市史』資料編２）。

常光寺は、文明・永正頃に顕定が菩提寺としたという。創建については、元亨三年（一三二三）四月に笠原常光《つねみつ》が観光普門《かんこうふもん》を開山として創建し、当初は西平井の北方の平井寺山の麓にあったという。天文元年（一五三二）四月に甲斐国興因寺の点海仏佐《てんかいぶつさ》を招いて曹洞宗寺院となったという。北条氏康の平井城攻めのときに焼失し、その後、現在地に再建された。憲政と行動をともにした龍樹《りゅうじゅ》は、当寺の住職であったという（『平井城史探訪』）。

上：常光寺
下：清見寺　いずれも群馬県藤岡市

清見寺は武蔵国鴻巣《こうのす》の勝願寺を本寺とし、大永年中に上杉氏によって創建されたというが、明治期に火災にあい、什《じゅう》宝《ほう》を失ったという。同寺には像高一九六センチの釈迦如来涅槃像があるが、室町末から江戸初期のものと推測されており、これも山内家関係者によって制作された可能性がある。

平井城址の西側には三島神社がある。この付近は字名を的場《まとば》といい、弓射の訓練の場であっ

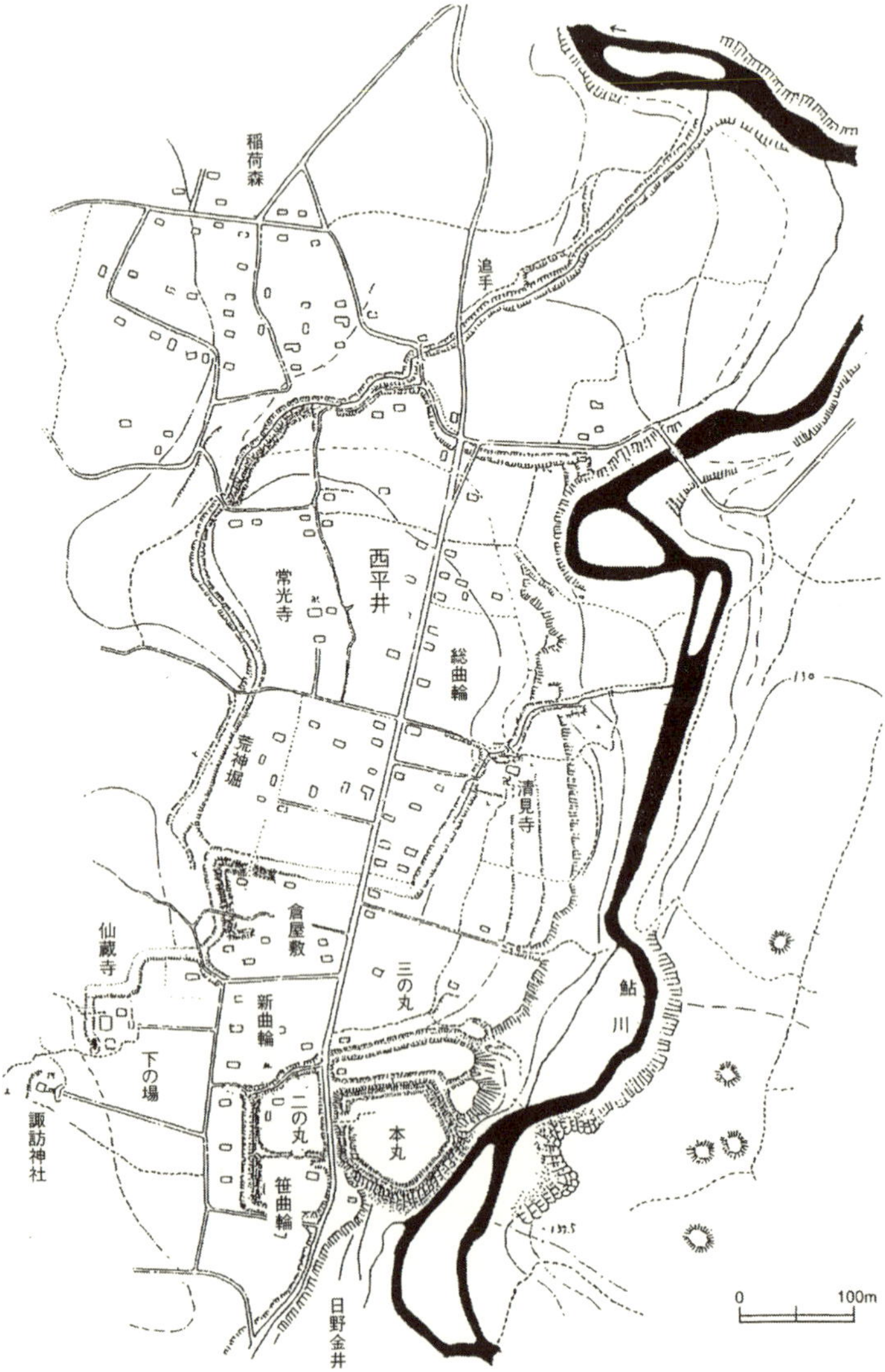

図４　平井城略測図　作図・山崎一氏

たという。三島神社は伊豆から勧請したものであろう。なお、春日神社も祀られていたが、三島神社に合祀されたという。三島神社の神宝は、顕定が伊豆から持ってきた笈《おい》である。

平井に招かれた工匠たち

平井には、刀工も招かれていた。例えば、米沢藩上杉家に伝来した刀剣として「上州住景重《かげしげ》作」の太刀があった（現在は個人蔵）。長さ八三・一センチの大きさで、佩《は》き表に蓮台《れんだい》・護摩箸《ごまはし》・梵字《ぼんじ》（文殊菩薩）、佩き裏に「春日大明神」と梵字（不動明王）が彫ってある。景重は南北朝期に活動した長谷部国重《はせべくにしげ》の末流と伝えられ、相州景総《かげふさ》の門人であり、景総も山内家お抱えの刀工であったという。藤原氏の氏神である「春日大明神」の銘は、山内家の持刀としてふさわしいものである。山内家が所持していたものを越後上杉家が継承し、米沢藩に伝来したものであろう。

景重に先行する刀工として憲重《のりしげ》という人物がおり、その作刀には次のものがある（平野進一・小山友孝）。

①脇指　刃長三九・二センチ　銘「上州住憲重作」「天文十七年八月日」
②脇指　刃長三二・八センチ　無銘
③脇指　刃長三〇・八センチ　銘「上州住憲重作」
④脇指　銘「上州住憲重作」「天文拾五年八月日」
⑤大身槍　刃長六七・二センチ

⑥大身槍　刃長七五・一《センチ》

これをみると、憲重は天文十五年（一五四六）・同十七年に活動がみえるが、これは憲政の時代である。憲重の一字は憲政からの偏諱であろう。憲重は山内家に抱えられ、平井に招かれて作刀を行ったとみられている。なお、憲重は天文期に活動した初代と、永禄期に活動した二代目がいた。

憲重以前の応永期に長谷部定順《さだより》、その後、長谷部国重の活動が関東・越後でみえる。また憲重以後、戦国末までに上州において重の一字を持つ刀工がみえる。さらに、前出の「上州住景重」をはじめ、「上州住重吉」「上州住成重」「上州住信重」「上州住行重」「上州住守重」「上州権田住政重」「上州権田住常重」「上州住政則重」らの作刀がみえ、ほかにも「上州住泰重」「上州住俊重」「上州住正重」がいる（『日本刀名鑑』・『刀工総覧』など）。

景重は各地で作刀を試みたといい、上野では沼田・厩橋で活動したという。長谷部末流と称していたとみえ、憲重の係累であろう。成重は沼田住であったが、板鼻でも活動したという。成重も憲重の一族であるという。憲重の流れは平井で活動したが、山内家の没落によって上野各地に移動したとみられる。

兜冑では、明珍信家《みょうちんのぶいえ》の活動がみえるが、東平井の中谷家に伝世した六十二間小星兜には、「上州住重吉」の銘がある。ほかにも「上州住憲国」「上州住康重」「上州住国久」「上州住成国」がみえる（『群馬県史』資料編8）。重吉は刀工としてみえる人物と同一人であろう。

平井城の詰城の金山城の由来は、この山が金山と呼ばれていたことにある。金山は、鍛冶集団や鉱山に関わる人々が祀った金山神社に由来する地名で、金山神社は金山彦・金山媛を祭神とし、美濃国南宮神社（垂井町）を本社とする。

　上野国の東側にも金山城がある。これは岩松家純《いえずみ》が築城し、戦国時代に横瀬由良《ゆら》氏の居城となった新田金山城（太田市）である。この金山山頂にもかつて金山神社が祀られていた。また、新田荘の北辺部にあたる笠懸《かさがけ》野《の》の縁辺部である村田郷（太田市新田村田町）・西鹿田郷（みどり市西鹿田）にも金山社が祀られていた。以上より類推すると、金山や笠懸野の周辺には有力な鍛冶集団がいたことになる。

　平井の金山には、現在金山神社は祀られていないが、鍛冶集団や鉱山に関わる地名や遺構も発見されている。金山の南側に鈩《たたら》沢《ざわ》という地名があり、その奥まった所に「いもじくぼ」と俗称される場所がある。昭和三十九年（一九六四）に発掘調査が行われ、年代は不詳であるが、半地下式の石組炉が発見されたという。製鉄に関連する遺構とみられている。ゴルフ場となった場所に、金屑が発掘された場所もあった。なお、西平井の北側の緑埜に大工ヶ谷戸・鍛冶ヶ谷戸の字名があり、ここにも大工・鍛冶集団の痕跡が残っている。

　また、緑野・多胡の周辺には、塩のつく地名が多い。『上野国郡村誌』によって探すと、多胡荘内では塩川村、塩村字塩田・中塩、大沢村字塩水、本郷村字塩井戸（以上、高崎市吉井町）、そして河川名に塩川がある。神流川上流の山中領では、三波川村字塩沢（神流町、川名も）がある。高山御厨内では三木村字塩狩、高山村字塩水・為塩、金井村字塩水（以上、藤岡市）がある。なお、下日野と高山の間の山を白塩山と呼び、塩がとれたともいわれ、山頂には高山城址という山城が築かれている。これらの実態は塩分を含んだ鉱泉であるが、このようなものが各所にあり、生活に利用されていた可能性もある。

また、下日野字中倉薬師堂には顕定愛用と伝承される碁盤がある。唐尺が使用されており、裏面に上杉家の家紋が彫ってある。上杉氏の文化を伝えるものとして貴重であろう。

第三章　河越合戦の虚像と実像

憲政の人物評

山内家当主としての憲政の評判は芳しくない。「甲陽軍鑑」などは無能な主君として、口を極めて論難している。それは、敗れた者が甘受しなければならないことではあるが、直ちに真実を顕わしたものではあるまい。

まず、平井城における憲政をみてみよう。「加沢記」には、真田幸綱《ゆきつな》（幸隆）が信州を逐われ、箕輪長野氏の許で庇護されていたとき、憲政に対面したという記事がある。幸綱は天文十年（一五四一）の海野平《うんのだいら》の戦いに敗れて関東に逃れたとされ、同十三年までに信州に戻ったとされるので、その間の出来事である。

このとき、憲政は幕下の武士を召し集めて、書院において対面したという。黒書院ともみえ、平井城内に武家風の家屋が設けられており、正式な対面であったことがわかる。書院には上段の間があり、その境に釣簾《つりすだれ》が掛けられ、左右に真紅の大総《おおぶさ》で結んであり、床には高麗縁《こうらいべり》の厚畳の上に毛氈《もうせん》が敷かれてあった。憲政は掛烏帽子《かけえぼし》に直垂《ひたたれ》を着て、太刀持は熊谷主殿助が務めていた。床の掛物は牧渓《もっけい》の水墨画「観音」であり、卓上に鶴亀の香炉が置かれ、薫香《くんこう》が焚かれていた。室内の調度・備品の類はさすがに一流のものが揃えてあった。

座の配置をみると、左に白井長尾左衛門憲景・国峰小幡上総介憲重・同尾張守、右に長野信濃守顕《あき》重《しげ》・白倉三河守・倉賀野淡路守・高山遠江守・深谷左兵衛尉がおり、奏者は上原兵庫頭、太刀は難波《なんば》田《た》弾正少弼であった。須賀大膳が次の間に控え、大広間には由良・本庄・安中氏ら上野・武蔵の先方衆が列座していた。千人も並んでいたというが、さすがにこれは誇張であろう。

幸綱が箕輪に戻ったところで嫡子信綱《のぶつな》が、「信州で聞いていた以上に憲政はうつけた大将である。管領の身分は高いが、余りにも仰々しい。代々の老臣は並み居るが、上原・須賀のやり放題で危うい体制と見受けられる」と批評したという。

幸綱が憲政に面会した可能性はないともいえないが、「加沢記」が後代の成立である以上、上記の話も創作に近いもので、作者の見解とみられる。難波田弾正（善銀《ぜんぎん》、憲重《のりしげ》）は扇谷家の重臣であり、人物にも問題があるが、当初の憲政政権は長尾一族・小幡氏・長野氏・安中氏らの国衆と白倉・倉賀野・高山・深谷上杉・本庄氏らが支えていたことなどは、ある程度の史実を反映しているとみてもよい。上原兵庫頭・須賀大膳ら取り巻きが家政を仕切っていたという話は、ほかの物語類にも頻出する。主君が幼いことをいいことに、専権を振るうというのはいつものパターンである。

「武家事紀」巻第十六によると、憲政は父憲房の教誨諷諫《きょうかいふうかん》を忘れ、婬酒にふけり、武義・政事を怠った、武に倦んで頼まれてもなかなか出陣しなかった、兵を出しても陣中で酒宴・遊興を事とし、足軽は下品・卑劣として本陣に寄せ付けなかった、鉄砲の音に頭痛が起こり、玉薬《がんやく》の臭いに気分を悪くした、などと散々の書かれ様である。また、勇義の侍を遠ざけ、菅野大膳・上原兵庫という佞臣《ねいしん》に任せ、家を傾けたと批判されている。佞臣としてみえる須賀大膳は菅野大膳ともみえ、大膳を高田小次郎憲頼とする記録もある。高田氏であれば山内家に従う国衆である。上原氏についてはほかに関連する史料はない。

近世には、憲政は暗愚な君主であり、それが原因となって家を滅ぼしたという認識が広がっていたことがよくわかる。これらの話は結果によって付け加えられたものと思われるが、憲政の実像を示す史料は少なく、否定しきるだけの材料もない。ともかく、憲政の人間像については実際の彼の行動から類推するしかない。

河越合戦前夜の情勢

「快元僧都記」によると、天文二年（一五三三）二月に鶴岡八幡宮神主の大伴時信《おおともときのぶ》は、安房里見氏の来襲によって焼かれた八幡宮再建の奉加金《ほうがきん》を集めるため、武蔵・上野をめぐった（群一九七二）。このとき、上野国衆の多くの武将が喜捨《きしゃ》に応じたが、憲政は「河越扶佐の為」と称して断ったという。この事業は北条氏綱によって進められており、扇谷家と連携する憲政にとって、神社の再建のためとはいえ、北条氏に協力することにためらいがあったのであろう。

扇谷家は、この間北進する北条氏の勢力に対抗するため、憲政の来援に期待する一方、甲斐武田氏・小弓公方足利義明や安房里見氏らとも連携して、一進一退の攻防を繰り返していた。ところが、天文六年四月、朝興が河越城内において没した（享年五十歳）。家督は嫡子朝定《ともさだ》が継承したが、このとき十三歳にすぎなかった（「年代記配合抄」）。これにより、扇谷・山内家とも幼主に率いられることになったのである。なお、この段階の扇谷家の勢力圏は、本城河越城の周辺を中心に、松山領・岩付領・葛西領を加えたものに限られていた。

天文六年七月、朝定は父の遺言によって武蔵府中に進出したが、北条方との合戦に敗れ、逆に河越城に迫られた。朝定は叔父朝成《ともなり》や上州の兵を送って城外の三木でこれを迎え討ったが、同月十五日の戦いで再び大敗し、ついに河越城を棄てて松山城に逃れた。ここで扇谷家は河越城を放棄したが、本拠地の喪失は、同家には死活にかかわる大事であった。

翌年正月、朝定は河越城奪回に向かったものの、再び北条氏の迎撃に敗れ、このとき葛西領も奪われている。さらに十月七日、小弓公方足利義明・里見義堯《よしたか》が北条氏綱と下総国府台《こうのだい》（市川市）で決戦（第一次国府台合戦）を行い、北条方が勝利した。これによって小弓公方家も消滅し、これまで分裂していた関東の上位権力は古河公方家に統一された。

天文十年七月、北条氏綱が死に、氏康が後継者となると、朝定はその隙をついて北条領に侵攻し、河越城・江戸城を攻めた。代替わりの不安定な時期を見越したのであろうが、たいした成果は出せなかった。

河越城の確保は山内家にとっても重要課題であり、憲政も自ら軍勢を率いて、武蔵国内に入っている（「鎌倉九代後記」）。ただし、彼はこのときいまだ十四歳の少年にすぎない。このとき、憲政が発給した文書でみると、天文六年六月十五日付で小林平四郎に南殿（足利義明、小弓公方）が関宿《せきやど》に進出する気配があり、古河公方晴氏の仰せもあるので出陣する、速やかに用意・参陣するようにと命じている（「小林家文書」）。

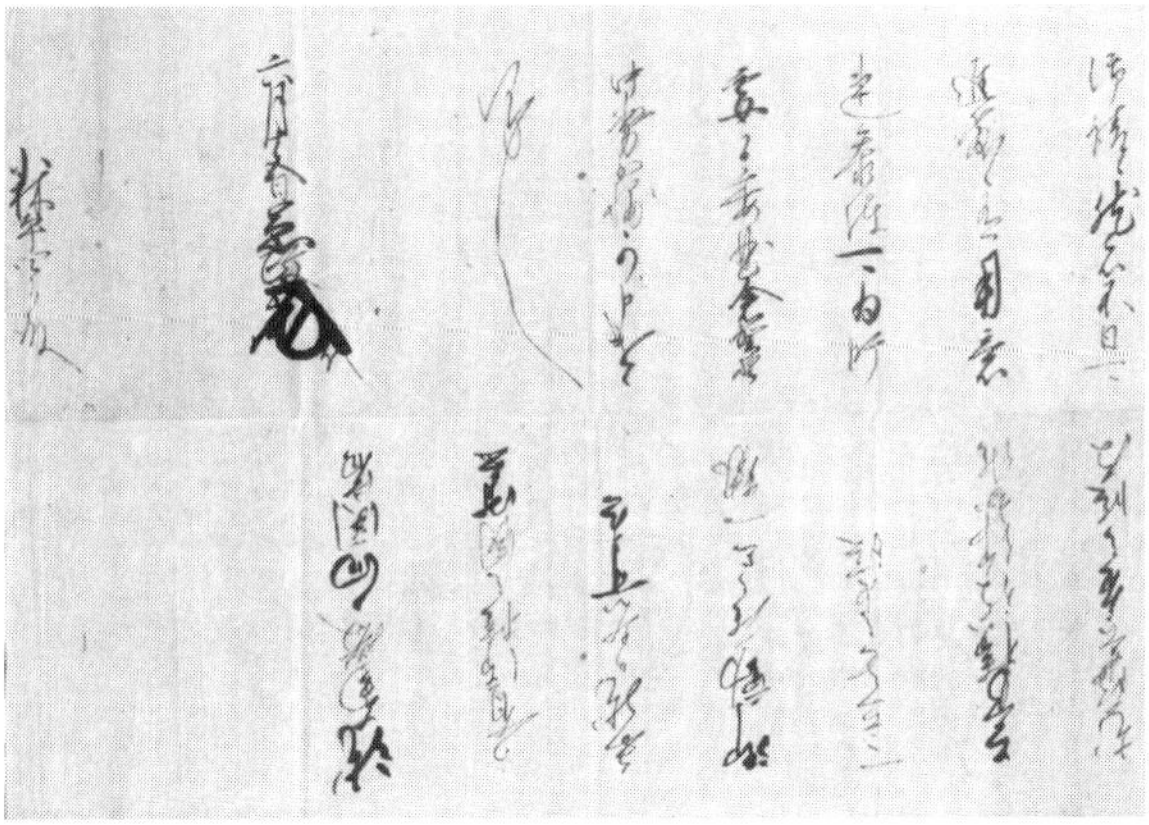

（天文６年）６月15日付　小林平四郎宛て上杉憲政書状　「小林家文書」　群馬県立歴史博物館寄託

　河越城が落ちた八月頃、憲政は次郎（深谷上杉憲賢《のりかた》）・小林平四郎らに再度出陣を命じている（「藩中古文書」・「小林家文書」）。憲賢に対して藤田（泰邦《やすくに》か。天神山城主）・成田（親泰。忍城主）らにも使者を送って出陣を求めたと述べ、味方の結集以前でも敵が取り懸かってきた場合には、敵を討ち破るように命じ、足利長尾憲長に当地の状況を通報することも求めている。深谷近辺も北条方の来襲が懸念されていたのであろう。憲政はさまざまに対抗手段を取ったものの、有効な対処ができなかったようである。このことは憲政の心にトラウマとして残り、河越城の奪取に邁進させることになったと思われる。

　この頃とみられるが、憲政は臼田河内入道に、「近藤丹後守に実子がなく、土岐原美作守の次子を名代（養子）に迎えようとしているがうまくいかない、丹後守に近しいあなたから相談を行って尽力してほしい」と伝えている（「臼田文書」）。臼田・土岐原氏は、信濃から常陸南部の信太《しだ》荘（土浦市・稲敷市など）に移った山内家の被官筋の家柄である。臼田氏・土岐原氏は、この段階でも旧被官として当主と交流を持っていたのである。何かの折には協力も惜しまなかったのであろう。これに加え、天文九年頃、憲政は常陸の真壁安芸守宗幹《むねもと》に書状を送っている（「真壁文書」）。憲政は古河公方の御動座について触れ、小田政治《まさはる》と談合して出陣するよう求めている。ここで憲政は、古河公方家の指示・命令を伝達する奏者の役割を果たしていたことになる。

これらの憲政の書状をみると、文中に細かいことは誰それが伝えるというように、連絡を担当する家臣名が書いてある。これを奏者というが、それらを挙げると倉賀野中務少輔・由木左衛門尉・長尾但馬守（憲長）らである。倉賀野氏は倉賀野郷、長尾憲長は武蔵北西部・下野足利に所領を持つ武士であった。由木氏については不詳である。このとき、憲政に近侍して支えていたのは彼らであった。

天文十年秋、上野では庁鼻和《こばなわ》乗賢《じょうけん》（深谷上杉憲賢）・那波刑部少太輔宗俊《むねとし》・厩橋（長野）賢忠・成田下総守（親泰）・佐野周防守（桐生佐野氏）らが「相談」して、金山城の横瀬泰繁《やすしげ》を攻めるという事件が起こった。しかしこのことは、永禄十年（一五六七）に泰繁の子成繁《なりしげ》が書きとめた「善・山上之事書」に登場するのみで、事情は不詳である（群二四〇八）。

この頃、横瀬氏は京都の将軍家としばしば交流を持ち、自立の姿勢を強めていた。隣接する那波氏や桐生佐野氏らとは所領争いなどをしていたのかもしれない。この史料では、善・山上氏らの帰属が問題となっており、彼らはこれまで横瀬氏に従属していたが、この事件の後に厩橋長野氏に心変わりしたとある。背後には、国衆間の勢力争いが根底にあったことは間違いない。

この史料によると、善・山上氏はともに「管領馬廻衆」であったという。享徳の乱のおり、桐生佐野氏に在所を奪われたが、成繁の曽祖父の尽力によって戻ることができ、それ以来横瀬氏に属してきたが、この騒動で厩橋長野氏に属してしまった。彼らの本拠地は各々、前橋市粕川町膳・桐生市新里町山上であり、平井からは相当離れているが、このような武士たちも、かつては山内家の馬廻衆であった。山内家の凋落ぶりがわかるエピソードであろう。

ところで、この事件に憲政はどう関わったのであろうか。史料からはそれをうかがえる文言はない。後世に作成された文書であることから、都合の悪いことは忘れ去られて記述されていないのであろう。横瀬氏を攻めたのは、新田領の周辺に位置する多数の国衆らである。特定の国衆が集団となって攻めたことから考えると、単なる境界争いや紛争の結果とは考えにくい。守護権力による横瀬氏に対する懲罰的な攻撃であった可能性が考えられる。原因は不明であるが、横瀬氏が憲政の裁定・命令に従わなかったため、周辺の国衆に出陣が命じられたのであろう。最後は横瀬氏側も憲政の命を受け入れざるをえなかったと思われる。

鹿島神宮に捧げた憲政の願文

天文十一年（一五四二）六月、憲政は鹿島神宮に願文《がんもん》を捧げた（「鹿島神宮文書」）。このなかで憲政は、上杉当主としての苦悩を吐露し、鹿島神の加護を求めている。書き下しで示すと、次のようになる。

天下平安、海内無事《かいだいぶじ》は、上は王公より、下は士・庶人に至り、日用不知の事業也、古き都鄙《とひ》より、夷洛《いらく》を問うなく、功を譲って太平の洪基《こうき》を立てる、日未だ斜めならざる時、平宗瑞ありて、悪をもって善を乱し、まさに枉直《おうちょく》を邪《よこしま》にす、国を却《しりぞ》け、郷党《きょうとう》を挫《くじ》く、子孫連々として氏綱・氏泰(康)すでに三代なり、八州併呑の気象いまだ休まず、然りと雖も、大夫邦を執りて今已《すで》に三世、その勢い久しく保つべからず、哀れ哉《かな》、憲政八州執政の家伝として、天生《てんせい》の不幸、叵《かた》く弓箭《きゅうせん》の功を彰《あきら》かにす、人間謀略の力已《すで》に尽くす哉、憑《たの》む所若《も》し神慮《しんりょ》に匪《あら》ずば、千里の外に決戦し難し、夫《それ》、陰陽は測れず、貌なく体なし、よく感じよく応ず、名の神に曰く、特に神は、藤氏の主領、憲政、愸《なまじひ》にその葉孫となり、弘誓《ぐせい》の海浅からず、争《いかで》か慈悲の神力を蒙らず乎《や》、翼を仰ぎ、怨敵百万の軍旅を衝破し、一時、君を尭《ぎょう》・舜《しゅん》に致しえさしめ、民の塗炭《とたん》を救ふにおいては、忽《たちま》ち供領一所を奉献す、てえれば、刻日これを待たざる者也、願書の旨趣かくの如し、再拝々々、

時に天文《てんぶん》龍《りょう》輯《しゅう》壬《みずの》寅《えとら》六月吉日　藤原憲政（花押）

晋《すす》め奉る、鹿島大明神　御廟前《おんびょうぜん》

このような願文は、霊験あらたかなことを期待して自筆であることが多い。この願文をみると、墨跡も鮮やかで墨継《すみつぎ》が明瞭な形でみえ、力強さが目立つ。とても右筆が書いたものとは思えない。憲政はこのとき十九歳であるが、若き当主として気負って書き上げたのであろう。また、難解な漢字もふんだんに使用しており、彼の教養の深さもみえる。上杉家の男子として生まれ、幼児のときから勉学に明け暮れた成果であろう。

内容をみると、平宗瑞（伊勢宗瑞＝北条早雲）の悪行によって関東が乱れたが、三代を経て、その勢いも保つことはもうできない。決戦をいどみ、神慮によって勝利を得たときには所領を寄進するとしている。この願文は、北条氏の征伐を祈るものであることは明らかである。なお、「君を堯・舜に致しえさしめ」との文言がある。堯・舜は中国古代の聖王であるが、君は古河公方家を指すとみられ、このとき憲政は明らかに晴氏を推戴していたことになる。晴氏は、これ以前の国府台合戦においては北条氏康と提携し、その功をめでて氏綱を関東管領職に任じ、さらに翌年、氏綱の娘芳《ほう》春院《しゅんいん》を娶っていたが、この段階では山内家、憲政と協調する姿勢を示すようになっていたのであろう。

鹿島神宮　茨城県鹿嶋市

　ここで、憲政は「藤氏の主領」と自称している。上杉家は藤原北家高藤《たかふじ》を祖とする勧修寺《かじゅうじ》流藤原氏の分流である。鹿島神宮は中臣《なかとみ》氏と関係の深い神社で、藤原氏の氏神でもある。奈良の春日大社の主神は実は鹿島の神であり、さらに、鹿島神宮は武神として知られた神である。戦いの勝利を願うのに相応しい神として選ばれたのであろう。憲政の並々ならぬ決意が込められていたことがわかる。

　この祈願に関しては、後日譚がある。永禄四年（一五六一）

四月、鹿島神主中臣則興《のりおき》が憲政に返書を送っている（「鹿島神宮文書」）。憲政・長尾景虎の越山、小田原攻めの直後である。則興はこれを、佐竹弥勒院権僧都恵堅《えけん》の霊夢があったので認めたと述べている。憲政の願いは河越合戦で敗れて潰えたようにみえたが、その祈りの誠によって、一人の「軍題景虎」が現れ、彼は厚い信仰心を持ち、分国を鎮め、都鄙を平和にしている、と則興は述べ、「願書の報答かくの如し」と結んでいる。つまり、景虎の出現が祈願の答であったと述べているのである。

憲政は、上野一の宮貫前《ぬきさき》神社の修理にも取り組んでいる。年未詳であるが、二月九日付の書状で同社神主一宮左衛門太郎に対し、乱世によって遷宮が遅延していることを配慮し、修築を急ぐように命じ、国役《くにやく》も延期することを認めている（群二〇一二）。同社では式年遷宮が行われていたが、この年、それが戦乱によって遅延したのであろう。一の宮の修築は、守護の職務権限に関わる事項であった。後のことになるが、上野の支配者となった武田氏や北条氏も同社の造営を進めている。寺社の造営・修復を進めることは、人心掌握の面からも必要不可欠なことであった。

何年かは不詳であるが、憲政は越後の雲洞庵《うんとうあん》（南魚沼市）に書状を送っている（六月十八日付、群一九九三）。住職から代僧が遣わされ、書状と白布二端が送られたことに対する返礼であり、扇子一本を贈るとみえる。寺伝によると、同寺は応永二十七年（一四二〇）に上杉憲実が越後耕雲寺《こううんじ》（村上市）の傑堂能勝《けつどうのうしょう》の法嗣《はっす》の顕窓慶字《けんそうけいじ》を招いて創建した曹洞宗寺院である。境内には憲実の墓もあり、上杉家の菩提寺でもあった。なお、同寺のある地域は上田荘であるが、上田荘は本来山内家の所領でもある。

憲政は、相模国藤沢の時宗遊行寺（清浄光寺）との交流もあった。八月十三日付で年号が書かれていない遊行寺宛の書状が、「上杉家文書」に写として残されている。憲政と自署したものであり、河越合戦以前のものである。これによると、遊行寺から憲政の許に使いが参り、段子《どんす》と盆を手土産に、何事かを依頼したようである。なお、返礼として二千疋（二十貫文）を喜捨したという。

河越合戦をめぐる伝承

中世の河越城は、関東平野の真ん中の平坦地に築かれた城で、河越台地の北端に位置し、その縁辺部を流れる赤間川を天然の要害としたものである。長禄元年（一四五七）に太田資清《すけきよ》（道真《どうしん》）・資長《すけなが》（道灌）父子によって築城された。それまで河越地方の中心は、そこから四キロほど東方の河越館のある上戸《うわど》にあった。河越城が扇谷家の居城となることによって、ここがこの地域の政治・経済の中心となったのである。

この頃、河越城は北条綱成《つななり》・北条宗哲《そうてつ》らが入って守っていた。綱成は福島正成《くしままさなり》の遺児であったが、北条為昌《ためまさ》の養子となって玉縄城主となった人物、宗哲は北条幻庵《げんあん》ともいい、宗瑞の子で長綱《ながつな》と名のった人物である。両名とも北条一族の中では有力な存在で、北条側は同城の確保のため、相当の力を入れていたことがわかる。

天文十四年（一五四五）、憲政は河越城の奪回のため軍勢を出立させた。河越合戦の状況を示す同時代の史料は少ないが、近世以降に成立した軍記物・史書にはしばしば取り上げられており、この合戦は、東国の戦国史を語るうえでは除くことの出来ない一齣である。その結果、人々の関心を引くためさまざまな尾鰭が付けられ、興味深く仕立て上げられたことも想定される。まず、このような軍記物から検討してみよう。

戦いの経過・模様に関してよく知られているものに、古河公方家重臣の簗田中務少輔高助《たかすけ》に宛てられた北条氏康書状写がある。これは『歴代古案』をはじめ、さまざまな記録類にも引かれている有名な史料である（戦二七四）。「天文十二年四月日」と日付があるが、同十五年の誤写である。朱書で「四月二十九日」とも記され、戦後直後に書かれたとされる。このなかにみえる氏康の主張を簡約してみよう。

公方晴氏様に対して、縁戚としてお仕えし、若君（義氏《よしうじ》）が誕生して以来は忠信一筋と控えてきました。去年、駿河長窪で今川家と対戦した時、憲政が河越城を攻め囲み、その上公方様の御動座を勧めているとの噂を知り、私（氏康）から再考を申し上げた処、ほぼご納得されて誓紙まで頂き、安心しておりました。ところが、難波田弾正左衛門・小野因幡守らの申し出にすぐに上意を翻し、出馬されて二年間の攻城戦となりました。城兵三千は兵粮の道を塞がれて難儀しているので、城兵の命と引き換えに城を明け渡すことを公方様膝下の面々にお願いしましたが、拒絶されて和談の筋は消えました。私はしかたなく武蔵砂久保（川越市）まで出陣し、諏訪右馬助をもって小田政治代官菅谷隠岐守を通じて、籠城の者を助けるため陣所を空けるよう申し出たものの、再び逆鱗に触れてしまいました。そこですぐに砂久保に押し寄せ一戦を遂げた処、憲政馬廻りの倉賀野三河守を始め、三千余人を討ち取ることに成功し、中でもこの戦いの讒言の張本人難波田弾正左衛門・小野因幡守を討ち取ったのは私の累年の宿望です。

これによると、氏康が駿河今川氏と長久保城（駿東郡長泉町）に出陣した隙をついて、憲政は河越城を囲んだが、このとき難波田・小野らが、北条方に誓詞まで出して出陣を取り止めた古河公方晴氏を無理やり説得して、同陣させたとみえる。二年の攻城の間に和睦が進められたが、上杉方がこれを拒否したため、やむなく氏康は砂久保（川越市）に進出して上杉軍に決戦を挑み、これを討ち破ったということになる。この書状は、氏康が今回の晴氏の動きを咎め、自身の存念を伝えるために書かれたものであるが、このようなものを本物と考えることはできない。近世の軍学者や好事家などが氏康に仮託して作成したものであろう。

河越夜戦跡の碑　埼玉県川越市・東明寺境内

「鎌倉九代後記」では、憲政は河越城攻めのために九月二十六日に砂久保に陣を取り、晴氏が再三の要請で出馬したのは十月二十七日とみえる。翌年、氏康は河越の後詰に出陣し、まず講和を申し入れたが拒否されたので、四月二十日に決戦に踏み切った。このとき、綱成の弟を事前に河越城内に送り込み、ある謀を伝えさせた。城勢と呼応して敵陣に夜討ちをかけるというものである。そのときわざと松明をもたず、鑓に徴をつけて相言葉を決め、軽装で相手を倒しても頸を取らないなどと指示した。子《ね》の刻（午後十一時）に砂久保陣を攻め、油断した憲政を敗走させたとある。戦後、上杉方の大石・藤田らが北条氏に降った。それ以外、登場する人物名はほぼ同様である。

「北条記」には、憲政方は坂東八ケ国から八万の軍勢で河越城を囲んだとみえる。同書では、晴氏の動座についてもさまざまな駆け引きがあったと述べる。当初、晴氏は出陣を拒んでいたが、難波田・小野らが縷々晴氏を口説き落とし、出陣が実現した。長い兵糧攻めによって城兵は窮したが、氏康は焦燥にかられて早まらないように伝えるため、綱成の弟弁千代を派遣した。

弁千代はとっさの機智で城内に入り、氏康の謀を伝えた。それは、まず氏康が城兵の助命嘆願を繰り返すが、これによって上杉方は氏康の軍勢が少ないものと誤解し、城攻めに取り掛かろうとする、その隙をついて一気に上杉軍を突き崩すというものであった。氏康は四月二十日に不意の夜討ちをかけたが、上杉方はこれに対応できず完敗を喫した。その後、氏康は晴氏に前出の書状を送って、その行為をたしなめたということになる。

合戦の真実を示す同時代の史料は少なく、関係者が伝えた伝承が中心であったと思われる。それを後世の人々が勝手に解釈し、さまざまな尾鰭が付けられて「北条記」のような物語に仕立てあげられた。その結果、事実とは全く異なる合戦像と、それによる武将たちの人物評がつくられたと考えられる。最初の事実がどうであったかは、今や探りだすことは困難かもしれない。

合戦の実像

同時代の文書史料などから、合戦の実像を探ってみよう。憲政は五月二十七日付で小山高朝《たかとも》に書状を送っている。内容からみて、天文十四年（一五四五）発給のものに間違いない（「小山文書」）。この中に次の文言がある。

御動座の義、申し上げ候処、近日　御発向の段、御儀定候、定めて供奉あるべく事、別して憲政において本懐たるべく候、

「御動座」・「御発向」の文字の上を一字空けしている（欠字）。これは、古河公方晴氏に敬意を示すためのものである。晴氏に動座（出陣）のことを申し上げたところ、近日出発すると決めたとみえ、晴氏の出陣はすでに五月中にまとまっていたことになる。とてもどちらにつくか迷っていたとは思えず、憲政も本懐であると述べている。さらに、天文十三年十二月八日の来住野大炊助宛て小宮康明《やすあき》書状写によると、「去春、上州陣より、くほうさま《公方様》御帰る」とみえ、晴氏が上州に出陣した可能性がある（「武州文書」）。具体的な状況は不明であるが、憲政と同陣したともみられる。

晴氏の姿勢は、反北条であったことは疑いない。憲政が晴氏の動向を小山氏に伝えていることからみて、周到な準備を行っていたことがうかがえる。晴氏の出陣によって、下総・下野からも多くの武士を集めることができ、大義名分も整ったことになる。なお、この書状では成田長泰《ながやす》の在所（忍城）に向けて出陣するとも述べており、成田氏が北条方に寝返っていたことがわかる。

次に、この戦いの背景には、戦国大名たちのさまざまな思惑があった。戦いの発端は、北条氏と今

川氏の対立である。今川氏と北条氏は、氏親《うじちか》と宗瑞の時代には同盟関係にあって武田氏と対立しており、武田氏は上杉氏と結んでこれを牽制していた。しかし、宗瑞の子氏綱の時代になると、駿河東部の河東《かとう》地域をめぐって対立が始まった（河東一乱《かとういちらん》）。氏綱が死に、氏康の時代になっても両者の対立は続き、天文十四年八月に今川義元《よしもと》が長久保城（長泉町）を攻めた。一方、武蔵ではその直後に憲政による河越城攻めが始まっている。上杉氏と今川氏は、東西でほぼ同時に北条氏に対して攻撃を開始したことになる。この背景には、山内・今川の攻守同盟が成立していた可能性が考えられる。

北条氏にとってみると、今川・山内の二勢力に挟撃され、同時に侵攻を受けたことになるが、これは避けたい状況である。ここで武田家の動きが関わり、情勢は複雑化する。武田家では天文十年に信虎が追放され、その子晴信が家督を握っていた。なお、晴信は永禄二年（一五五九）二月頃に出家して信玄・徳栄軒と称すが、混乱を避けるため、これ以降、信玄とする。信玄は信濃への侵攻を進めたが、そのためには北条との関係を改善する必要があった。背後の不安があっては、信濃への侵攻は十分な成果は上がらないからである。北条家も氏綱から氏康に当主が交替し、甲相同盟は天文十三年頃に秘密裡に成立したとみられている。

長久保の合戦には、今川氏の要請で武田信玄も参陣していたが、微妙な立場にあった。今川の援軍として参陣したものの、北条とは和睦を結んでおり、戦うことができないからである。そこで信玄は、義元に北条との和睦を勧めた。氏康からも今川との和睦仲介の要請があったのであろう。この話は順調に進み、九月二十二日に「矢留《やどめ》」となって妥結した。両者が納得する条件を出して折り合ったのであろう。長久保城は十一月に今川方に引き渡されている。その後、義元・氏康に憲政を加えた「三方輪（和）ノ誓句」が出されたという（「甲陽日記」）。これによれば、今川・北条・山内三氏が和睦することを誓った起請文が作成されたことになる。ところが、今川・北条は合戦を止めたが、上杉と北条の対立は続いているので、上杉と北条の和睦は成立しなかったことになる。

この事態について、憲政が味方の勢力を過信して、これを反古にしたとも説明されるが、憲政が一方的にこれを破ったとみるのは早計であろう。北条にしてみると、今川との和睦が成立すれば、山内との和睦はもはや必要ではない。一方、憲政にしても晴氏まで引き出している以上、和睦の条件のレベルは低くすることはできない。結局は、条件が折り合わなかったということであろう。

憲政は、九月から翌年四月まで河越城周辺に陣を敷き、城攻めを続けた。足かけ一年ではあるが、実質は半年である。このとき、上杉方がどれだけの軍勢を擁していたかは不詳であるが、記録類にみる八万人は過大である。長期戦の攻城は、相当の優劣があって初めて可能となるが、上杉方にそれだけの余裕があったとは考えられない。さらに、合戦の直前には、扇谷家の重臣で岩槻城主の太田資顕《すけあき》が北条方に寝返っている。

半年間の攻防で、上杉方は城を落とすことはできず、北条の本隊の到来を待って決戦を挑むという戦術を取るしかなくなった。撤兵という戦術もあったが、若い憲政にとって、簡単にそうするわけにはいかなかったことも理解できる。したがって、北条方は最も有利な時期を選んで決戦に踏み切ることができたのである。

氏康は、四月十七日に江ノ島天神岩本坊に、出陣に当たって戦勝の祈祷を求め、神馬を奉納している（戦二七三）。決戦は四月二十日に行われとみえるので、現地に着いたと同時に戦いに臨んだことになる。軍記類などで「憲政馬廻、倉賀野三河守を初めとして三千余人」、「讒言根本人難波田弾正左衛門・小野因幡守」が討ち取られて上杉方が惨敗したことになるが、この点は史料の性格から直ちに事実とは考えられない。ただし、討ち死にしたとされる人名については、ある程度事実を反映しており、むしろそこから合戦の実像がみえるかもしれない。

倉賀野三河守は上野国倉賀野（高崎市）を苗字の地とし、奏者として前にみた倉賀野中務少輔の後継者であろう。そうであれば、憲政の側近として近侍していた武士である。難波田弾正左衛門は、今度の合戦の張本人とも名指しされているように、松山城主で扇谷家の重臣である。小野因幡守については、高崎市木部を本貫とする木部氏との関連が考えられる。文明期にみえる山内家重臣である小野景頼《かげより》は、木部氏を称していたことが明らかになっている（森田真一③）。小野因幡守はその一族であろう。いずれにしても、以上の三名は両上杉氏の重臣であったことは間違いないが、実際に討ち死にしたかどうかは確証がない。上杉方は馬廻り衆らが討ち死にしたため、負け戦と評価されたのかもしれない。

このとき、扇谷家の当主朝定も討ち死にした可能性があるという（「行伝寺過去帳」、『大田区史』資料編寺社2）。「上杉家系図」にもそれらしい記述があるが、軍記類には朝定が出陣したとする記述はなく、疑問視する見方もある。討ち死にしたのであれば、軍記類にも記録されたと思われる。朝定は影の薄い存在であり、後継者がみえないことによって、扇谷家はここで断絶することになった。

河越合戦は北条の圧倒的な勝利で終わったとされ、その理由は夜戦と北条側の作戦の巧妙さが想定されているが、これは胡散臭い。北条方が少数で、一か八かの大勝負に出なければならなかったのであれば、そのような展開も想定できるが、北条が圧倒的に少数であったとは考えられない。今川との和睦によって駿河に進出した兵を戻し、万全の態勢で臨んだはずである。そうであれば、夜戦はかえって危険が大きく、平常の野戦で十分であったとみられる。北条方の主目的は河越城の落城を防ぐことであり、とりあえず城中への通路を確保することであろう。さらに、ある程度の力を示して両上杉軍を撤兵させれば十分であったと考えられる。

一方、憲政は直属軍だけでは北条方に及ばないものの、晴氏傘下の兵を加えれば、相当数の兵力を抱えていたのは確かであろう。ただし、大軍で城を包囲していたとしても、進出してきた新たな北条軍の主力に対することができるのはその一部で、両上杉勢の馬廻りを中心とする人々であったと考えられる。そうみると、実際の戦いは両上杉氏の馬廻り衆が北条軍の進撃路に出て、これを迎え討つという形になったとみられる。北条方の主力が参陣した以上、もはや河越城の奪回は不可能であり、これ以上の戦いは意味がなかったのである。

北条軍と両上杉氏が戦場で見《まみ》えたことは想定されるが、互いに陣形を取って雌雄を決するという戦いではなく、戦いがあったとしても、北条軍と憲政直属軍との小規模な交戦であった。結局、大軍を催しながら城を奪取することはできず、局地的な交戦の結果、撤兵となった上杉方には敗北のイメージが強く残ったのであろう。

河越合戦時に憲政が発給した文書

前出の北条氏康書状写・「北条九代後記」・「北条記」などから作られた河越夜戦のイメージについては、すでに否定する指摘がなされている。さらに、この戦に関わる一次史料がほとんどないことから、戦闘自体もなかったとする見方もある（城郭研究会）。この間、北条方の動きを伝える史料として、上原出羽守に宛てた氏康書状（天文十五年三月七日付）があるが、これは上原がその主である太田全鑑《ぜんかん》との服属交渉に尽力したことを謝したものであり（戦二六九）、太田氏を味方に加えて戦況を好転させようとしたものである。これに対し、憲政が下した書状や感状はいくつか残っており、戦いの実像をさらに明らかにするには、これらを検討する必要がある。

まず、憲政が岡部平次郎に十二月十一日付で遣わした書状がある（「岡部文書」）。岡部氏は武蔵国岡部（深谷市）の武士で、上杉氏直臣であろう。内容は以下のとおりである。

先年当城相攻め候時、疵を被《こうむ》る、重ねて今度親子厳密に在陣せしめ、去る六日戸張際に於いて戦功に励む、数ヶ所負手候忠信、誠に感悦候、当国本意の上、忠賞を行うべく候、然れば則ち歩み行かずの事候間、向後《きょうこう》に於いては戦場の上、何時も乗馬を以て走り廻るべく候、委曲《いきょく》倉賀野三河守申し遣わすべく候、謹言、

「当城」は河越城、「当国」は武蔵国である。先年、河越城攻めの戦いで疵を負ったとみえるが、こ

れは天文七年（一五三八）頃のことであろう。憲政は再度の出陣によって、去る十二月六日の戸張際で戦功に励んだことを褒め、当国本意の上で行賞すると述べている。奏者を倉賀野三河守が務めており、この書状は天文十四年に書かれたもので、実際に攻城戦が行われたことを示すものである。

合戦後、その働きに応じて感状が出された。まず、四月二十二日に、桑木八郎が頸一つを討ち取る活躍をしたことを褒めている。これは「関八州古戦録」に引かれたもので、文言などにも検討の余地がある。四月二十六日には原長命丸に、父内匠助が討ち死にしたことを悼み、名代として走り廻るよう命じている（「小暮弥太郎氏所蔵文書」）。原内匠助に対しては、十二月二十四日付で上野国下大塚（藤岡市）を、その父駿河入道の後も勲功として知行して走り廻るようにと述べている（同前）。この文書の発給年は合戦前とみられるが、不詳である。内匠助は家督を継いでまもなく出陣し、嫡子はまだ元服前であったことがうかがえる。

四月二十六日には、本庄宮内少輔に対しても感状が下されている。憲政は同名藤三郎が討ち死にしたが、若輩の松寿丸にその名代（後継者）を命じたので、同人に指南するよう求めている（「古簡雑纂」七）。その後、宮内少輔には西本庄、松寿丸には久下塚を宛行うことを伝えている。

四月二十七日には赤堀上野守の娘に対し、父上野守が討ち死にしたので、女性であるが娘に名代を認めるとともに、忠賞することを伝えている（群一九九一）。上野守には男児の後継者がいなかったとみられるが、女性に名代を認めるのは異例である。また、この文書はすべて平仮名で書かれており、女性でも読めるようにとの気遣いであろう。

岡部・原・本庄・赤堀氏らは、上杉被官の馬廻り衆か直属の武士であろう。憲政はこれらの人々に、戦いの直後に次々と追悼などの意向を伝えていることがわかる。討ち死にも多かったとすれば、家臣らに憐憫の情を示し、不満が昂じないようにするとともに、次に備えて求心力を維持する必要があった。

平井城の奥の日野地域（藤岡市）の土豪であった小柏氏の系図によると、小柏大学高道《たかみち》は河越合戦に参陣したとみえる（『藤岡地方の中世史料』）。小柏氏は上杉氏の直属被官であろう。一方、「長野系図」によると、業政の子吉業《よしなり》はこの戦いで疵を負い、箕輪城に帰城してから一六歳で没したとみえる（『高崎市史』資料編4）。これが正しければ、長野氏クラスの国衆も合戦に参加していることになる。

これに対し、北条氏にはこのような文書は全く残っていない。北条方が大勝利であれば、活躍した武士たちに感状や行賞を約束した文書が出されてもおかしくないが、そのような文書は残っていない。わずかに、五月十五日に三島大社に「武州小栗之郷」を寄進しているのがみえるが、河越合戦に関わる記述がない（戦二七五）。一方、天文十年の上杉方の河越城攻めのときは、北条氏は十一月二日付で大藤与次郎・竹本源三・篠窪出羽入道・重田友之助・太田弾正忠・志村弥四郎らに感状をしている（戦一九八～二〇三）。同日付、ほぼ同形式で六通も残っていることから、大量に出されたのであろう。この点からみると、今度の戦いが天文十年のとき以上の合戦ではなかったことになる。

第四章　信濃をめぐる甲斐武田氏との抗争

佐久地方に進出する武田氏

武田氏は、信濃国佐久《さく》郡に早い時期から進出した。同地域には八条院領大井荘・後白河院領伴野荘が成立し、その間に平賀郷などの国衙《こくが》領が存在し、これらは山間地域の地形にも関わって複雑に入り組んでいた。平安末期に、清和源氏小笠原流の大井氏・伴野氏・平賀氏らが入部し、それぞれ広大な荘内に一族が分散した。しかし、戦乱による興亡もあって、この地域には有力な勢力が登場しなかったため、戦国時代になると容易に武田氏の侵入を許すことになったのである。

甲斐国の統一に成功した武田信虎は、天文期に入るとその矛先を信濃に向け、諏訪氏と和睦して小県《ちいさがた》・佐久への侵攻を開始した。天文九年（一五四〇）四月、まず北佐久地方に侵入し、臼田・入澤城などを奪い取った。翌天文十年五月十四日には、信虎は諏訪頼重《よりしげ》・村上義清《よしきよ》らとともに小県に進み、海野棟綱《うんのむねつな》・禰津元直《ねつもとなお》らと戦ってこれを破った。これを海野平の戦いという。敗れた棟綱は上野に逃れ、憲政を頼った（「諏訪神使御頭之日記」）。棟綱の子幸義《ゆきよし》は戦死し、禰津氏は許されて武田配下となった。このとき、真田幸綱も棟綱とともに逃れ、冒頭の記述になる。幸綱はその後まもなく真田に戻り、武田氏に出仕する。

諏訪頼重の墓　山梨県甲府市・東光寺

海野平合戦の直後、憲政が信濃に兵を出しており（同前）、同年七月に「関東衆三千騎計にて佐久・海野へ動候」とある。これに対し、同月四日に諏訪頼重が長窪（小県郡長和町）まで軍勢を出したが、ここで和談となった。関東衆は芦田郷を蹴散らして帰陣したという。これをみると、憲政は海野氏救援のため直ちに軍勢を送ったことがわかるが、頼重の進出によって目的を達することができず、芦田郷を蹴散らした程度で終わったことになる。なお、翌年七月、諏訪氏の内紛が起こったが、武田氏の介入によって頼重は敗れ、甲府に連行されて切腹させられ、諏訪郡域は武田氏の版図となった。

　これに関連して、海野氏の被官の深井棟広《むねひろ》が高野山の蓮華《れんげ》定院《じょういん》に送った菊月（十月）二十四日付の書状が注目される（群一九八九）。それによると、棟綱が上州に逃れて「山内殿様」に帰還できるよう頼んだところ、還住できるように取り計らうという一札を下されたとみえ、帰国の実現に期待を寄せている。憲政も佐久地域の動向には関心を持っており、再度の出兵を考えていたのであろう。しかし、この年に上野では国衆間の対立が表面化し、また、北条氏との間で緊張が高まっていたこともあり、信濃出兵は延引されたとみられる。

一方、信虎は佐久から戻った後、駿河に赴くが、このとき武田家中で内紛が起こる。嫡子晴信（信玄）が、父信虎の帰国を認めず自ら家督の座を奪い取ったのである。信虎は信玄を廃嫡して弟の信繁《のぶしげ》を家督に据えようとしていたという。そこで信玄は家中の同意を得て、機先を制してこの挙に出たのである。

信玄は天文十二年九月、再び佐久に侵攻する。「高白斎記《こうはくさいき》」によると、九月十二日に信玄は海ノ口（南佐久郡南牧村）から佐久に入り、同月十七日に前山城（佐久市）に入って、そこから長窪城に向かい、抵抗する大井貞隆《さだたか》を生け捕り、甲府に連行して殺害した。貞隆は岩村田大井氏の出であったが、長窪氏の養子となっていた人物である。なお、この間に望月一族も殺害されたとみえ、同氏の城館などが攻略されたのであろう。

天文十五年、貞隆の子貞清《さだきよ》が内山城（佐久市）に拠って武田氏に抵抗の姿勢を示した。信玄は五月三日に甲府を発ち、佐久に入って同月九日から同城を攻めた。貞清は二十日に降伏するが、城を明け渡して野沢に移った。翌年四月、貞清は子とともに甲府に向かい、翌月に起請文を提出して武田家に出仕を許されたという（「高白斎記」）。なお、「高白斎記」によると、内山落城後の十月六日に、笛吹（碓氷）峠で上杉勢と武田勢が戦ったという記事があるが、これは翌年に起こった小田井原《おたいはら》合戦と混同したものともみられている。河越合戦の直後であり、このとき上杉方が合戦を行う余裕は考えられない。

山内家に従っていた大井一族

大井氏が、武田家の侵攻に抵抗したのはなぜであろうか。この時期の大井氏の動向を示すものに、「大井荘由来」という史料がある（『高崎市史』資料編4）。これによると、正月の垸飯儀礼のときの家中の着座次第は、次のようであったという。なお、この史料は「天正二年（一五七四）二月吉日」とある。

壱番　芦田　　二番　阿江木　　三番　平賀　　四番　平尾　　五番　平原
六番　上州板鼻　　七番　後閑　　八番　信州手城塚

彼らは岩村田の嫡流家を中心に、このような着座で集会したのである。このうち、板鼻と後閑《ごかん》は上野国である。板鼻・後閑には、室町期から上杉氏被官の依田《よだ》氏・後閑氏が存在するが、彼らは大井氏の一族で、信濃との日常的な連携を持っていたことがわかる。さらに、大井氏の所領として、信濃佐久郡一円、小県郡長窪・依田五郷などに加え、「上州之内ニ板鼻・後閑・原・坂本・横川・みとの、郡の四ヶ村、武州ニ三ヶ村」とみえる。上野国内碓氷郡にも所領を保持していたことがみえるが、このうち板鼻・後閑は室町期に大井氏の所領となり、その一族が入部していたことになる。

上野の大井氏の所領は、碓氷郡・緑野郡内である。ここは上杉氏の本拠地に近い。板鼻は顕定時代の守護所の所在地で、顕定に仕えた依田中務少輔光幸《みつゆき》という武士もみえる（「東路の津登」）。これによって上杉氏は、依田氏の一族を被官として取り立て、所領を与えたことが考えられる。武州の三ヶ村も、本来は上杉氏から下賜された可能性が高い。大井一族は、少なくとも上杉氏と友好的な関係があったことが想定され、上杉氏にとって大井氏を救援する必要があったとみられる。

信濃と上杉氏の関係はほかにもある。室町期からの山内家の被官として、依田氏以外にも、上杉家の宿老を務めた大石氏をはじめとして、臼田・力石《ちからいし》・土岐原・屋代氏がいた。大石氏の苗字の地は佐久穂町、臼田氏は伴野荘臼田郷（佐久市）、力石・屋代氏は千曲市に地名がみえ、村上氏の一族ともいう。土岐原氏については不詳である。力石・屋代氏が村上一族であったことから、村上氏との関係も想像される。いずれにしても、山内家は東信地域と深い関わりを持っていたことがわかる。

大井氏との戦いにおいて、武田方に加わった上野の武士もいた。信玄は天文十五年の内山城攻めのとき、討手を指し向ける際に「通路馳走」を行ったことを褒め、六月九日付で市河右馬助に感状を下し、金襴《きんらん》一段を与えている（「市川文書」）。金襴は金箔・金糸を織り交ぜてつくった豪華な織物である。武田氏が京都西陣などから入手したものであろう。市河右近助にもほぼ同文の感状を下している。なお、市河氏は南牧谷（甘楽郡南牧村）の土豪である。

内山城は、関東山地から続く尾根上に築かれた山城である。その脇を街道が通っているが、この道は内山峠を越えて上州下仁田に通じている。山間部は十キロ以上にわたって集落はなく、「通路馳走」とは、このような路の安全を確保し、道案内・接待などを行うことである。市河氏はこのような山間地域に生活し、峠道を行き来していた山地の民の頭目であったとみられる。なお、右馬助は羽沢村、右近助は砥沢村を本拠地にしていたという。砥沢村は東日本でも有数の砥石の産地である。

翌天文十六年二月二十三日、上原（小山田）虎満《とらみつ》が右近助に「日向つふらこ内拾参貫文之処」を遣わした（『甘楽郡村誌』）。上原は内山城代として入ったとみられ、市河氏は上原を通して武田の被官となったことがわかる。「日向つふらこ」については特定できないが、南牧村大日向の可能性がある。南牧は上野国内ではあるが、武田領に組み込まれていたことになる。なお、天文十七年八月十一日付で、市川右馬助・同右近助・同縫殿助らは佐久郡瀬戸でも所領を与えられている（群二〇〇三）。

南牧地域は本来、小幡氏の勢力下にあった。信玄は六月二十七日付の書状で津金沢修理亮という人物を小幡憲重《のりしげ》の許に派遣するので、「諸事馳走」することを市河右馬助・左近助に依頼している（群二〇〇五）。さらに、両人に加え市河縫殿助も加えて三人に出陣を感謝しているが、「年来小幡殿申請く儀、此の時に候」と述べ、小幡氏に関わる戦いの動員であったとみられる。憲重は憲政に背いたため攻撃を受けていたので、その救援のためであろう。

志賀城の攻防

次に、武田氏に抵抗の姿勢を示したのは志賀城の笠原清繁《きよしげ》である。笠原氏は諏訪氏の一族ともいうが、どのように佐久に進出したかは不詳である。「高白斎記」によると、天文十六年（一五四七）閏七月九日に先衆の大井三河、同十三日に信玄の本隊が出陣した。同二十四日卯刻《うのこく》から午刻《うまのこく》までに志賀城を取り詰め、翌日には水の手を押さえた。八月六日に板垣信方《のぶかた》が出動して関東衆数多を討ち捕らえたというが、これが後述する小田井原合戦である。十日には外郭・二の郭を焼き、翌十一日についに山城は落ち、志賀父子・高田父子が討ち取られた。「勝山記」には「水ニツマリ候」とみえるが、山城のため水に乏しく、備蓄も少なかったのであろう。なお、このとき城に入った人々が生け捕りとなり、甲州に連れ去られ、二貫・三貫・五貫・十貫などで身内に引き渡されたとみえる。これは住民らを拘束し、金銭と引き替える「乱取《らんどり》」を示すものである。

志賀城攻めの最中、上野から志賀城の後詰として軍勢が浅間山方面から廻って迫ってきた。信玄は板垣信方・甘利虎泰《とらやす》・横田備中らを向かわせ、戦いは八月六日に起こったという。これが小田井原合戦である。「勝山記」には、「常（上）州ノ人数切リ劣《ま》ケ候而、名大将十四・五人打取ル、雑人三千ハカリ打取ル」とあり、上杉勢が切り負けたと記されている。なお、武田方はこのとき取った頸を、志賀城の廻りに杭を立ててそこに晒し、城兵の戦意を喪失させたという。

小田井（御代田町）は、近世の中山道の宿場である。中山道は碓氷峠を越えて軽井沢・沓掛《くつかけ》・追分《おいわけ》宿を経て小田井宿に入った。このルートは中世にも存在し、この道を通って志賀城の後詰に向かおうとしたのであろう。小田井は長野方面へ向かう北国街道の分岐点でもあり、交通の要衝であった。武田方もここは確保しておきたい地点であり、ここで戦いが行われたのは必然である。

小田井原合戦に関わる武田信玄の感状が、多数残されている。八月六日付で内田清三・依田右京進・赤見源七郎・水上菅七らに、志賀城攻めの功を褒める感状は、八月十一日付で内田清三・小井弖《こいで》越前守・小山田出羽守・荻原弥右衛門・水上菅七らに下されている（『信濃史料』第十一巻）。合戦は同日申刻《さるのこく》（午後三時〜五時頃）にあったとみえ、これらの感状は直後に出されたことになる。

さらに、志賀城攻めの感状として、笠原清繁を討ち取ったとして荻原弥右衛門に、高田父子を討ち

小田井合戦を描く「小田井兄弟討ち死に」の図　「絵本甲越軍記」　当社蔵

取ったとして小井弖越前守に、そのほか小山田信《のぶ》有《あり》・水上管七に宛てたものがある（同前）。これも同日未刻《ひつじのこく》（午後一時〜三時頃）の戦いで、即日出されている。兵士の賞罰について、信玄の対応の速さに驚かされる。

志賀城には高田父子が入城していた。高田氏は菅野荘高田郷を苗字の地とする武士であり、上杉氏の被官であったので、憲政の命により救援に向かったのであろう。高田氏の所領は、志賀城とは関東山地を背にした反対側に当たる。志賀城の南側の道を登り、内山峠から上州に降りれば西牧《さいもく》（下仁田町）に入り、そこから菅野荘に至ることができる。このほか志賀峠を通る道もある。これらの峠道を媒介にして、両氏は日常的な交流があったのであろう。

「勝山記」によると、「常州ノモロヲヤニテ御座候高田方、シカ殿ヲ見ツキ候」とみえ、高田氏が志賀氏を見継いで城に入ったとある。「モロヲヤ」は「諸親」で、おじ・おばなどを指し、高田氏と志賀氏に通婚や養子関係があったとみられる。

「寛政重修諸家譜」によると、高田氏は遠春《とおはる》（兵庫助）―憲頼《のりより》（大和守）―信頼《のぶより》（兵庫助）と続き、遠春が天文十六年八月十一日に死んだとみえる。志賀城で死んだのは遠春となるが、この点については疑問が指摘されている（黒田基樹④）。永禄十年（一五六七）八月七日、上信の武田氏に従う武将たちが生島足島《いくしまたるしま》神社に起請文を出したが、この中に「高田大和守繁頼」という人物がみえる。繁頼《しげより》は系図にはみえず、系図から漏れている。黒田氏によると、志賀城で討ち死にしたのは憲頼で、その子に繁頼が入れば、系図は正しくなるという。憲頼は憲政からの偏諱である。とすると、憲頼が嫡男とともに志賀城で討ち死にし、繁頼が家督を継いだものの、系図から漏れたことになる。

翌年とみられる依田春賢《はるかた》の高野山蓮華定院に宛てた書状（八月十七日付）によると、「去秋関東官《（管）》領様、多勢を以て両度御行を成され候」とみえる（「蓮華定院文書」）。これによると、憲政は信濃に二回軍勢を入れたことになる。小田井原合戦の前か後か不詳であるが、前であれば偵察的なもので、後であれば落城後になり、そのときはもはや後詰の意味がなくなったのかもしれない。上杉勢の信濃出兵が功を奏さなかったことがわかる。なお、依田春賢は「世上徘徊仕り候」と述べ、在所から追われていたようである。市河丹波入道道喜《どうき》という人物も「上州へ牢人」と述べ、「在所本意仕る様」に願いたいと述べている（同前）。同じようなことが瀬戸丹波守是慶《これよし》なども伝えており、佐久郡域から上州へ逃れた者も多かったことがうかがえる。彼らは在所への帰還を望み、それを上杉氏に期待したのである。

村上義清と憲政の連携

佐久地方を平定すると、信玄は村上氏・小笠原氏への攻略を進めた。村上氏は清和源氏頼信《よりのぶ》流で、頼信の子頼清《よりきよ》を祖とする。葛尾《かつらお》城（坂城町・千曲市）を居城とし、東信〜北信に勢力を張った信濃の有力国衆であった。また、一時は佐久郡域も版図としていた。

まず、天文十七年（一五四八）二月十四日、上田原（上田市）で合戦が起こった。この戦いで武田方は板垣信方・甘利虎泰ら重臣多数を失って敗れたという。「高白斎記」によると、同年四月二十五日、「敵動き、内山宿城、過半放火」とみえる。義清が余勢を駆って佐久に侵攻したともいうが、内山城は佐久の東部であり、村上氏が単独でここまで進出したというのは考えにくい。村上氏に内応する大井氏の残党や上野から入った部隊の活動とも考えられる。これに対し、信玄は同年七月十九日に小笠原長時《ながとき》と塩尻峠（塩尻市・岡谷市）で戦い、これを破って上田原合戦の敗北を埋め合わせた。

同年秋、佐久でも再び不穏な動きが起こる。信玄は八月十八日に小山田信有を田口城に入れたが、「信州ノ人数」が小山田を攻め、甲州衆を城に囲い込んだという（「勝山記」）。「高白斎記」によると、信玄は九月六日に諏訪から佐久へ向かい、十一日に臼田に入り、前山城を攻め落とした。このとき敵数百人を討ち取ったが、敵方十三城は自落《じらく》したという。九月十一日付の信玄の感状が数通あるので、佐久で合戦があったことは明らかであるが、敵が誰であったかは明確には書いていない。前述したように、在地の反武田の人々が村上氏や上杉氏の援助を受け、ゲリラ的な反撃に立ち上がったのであろう。

この動きは、翌天文十八年にも続く。「高白斎記」によると、四月三日に「敵動に依って春日落城、味方勝利」とみえる。敵が春日城を攻めて落城させたが、すぐに味方が勝利したというのであろう。春日（佐久市）は、望月から鹿曲川《かくまがわ》を五キロほど遡った山間部である。これも佐久衆のゲリラ活動であろう。八月に入ると、信玄は高島から佐久桜井山（医王寺城か）に入り、二十八日に御井立に放火し、九月一日に鷺林（佐久市常田）に陣を敷き、平原（小諸市）の宿城を放火したとみえる（「高白斎記」）。

「甲陽軍鑑」によると、この年九月三日に「上州みてらを」で合戦があったと述べている。甲州勢が碓氷峠の切所を越えて、初めて上野に入って戦い、内藤修理・原加賀守・同隼人介・馬場民部・小宮山丹後らが敵を追い散らし、雑兵五百余人を討ち取ったというものである。上州側では、安中越前守らが陣を張って待ち受けていた。ほかの戦記物では場所を三寺尾とし、片岡郡寺尾（高崎市）としているが、上野中央部まで侵攻したということはありえない。平原を攻めた後、碓氷峠を越えて碓氷郡西部域に侵入したことは考えられる。信玄としては、上州と佐久の連携を牽制するために行ったものであろう。

この間、武田氏は佐久郡域を安定的に支配することはできなかったことがわかる。実は、その背景として、憲政と義清が互いに通じ合っていたことが明らかにされている（峰岸純夫①・②）。上野の武士小林氏の家伝文書である「小林家文書」に、その一端が示される。大井貞清が小林平四郎に宛てた書状（二月十三日付）があり、「当郷分万疋之地」を進納するので知行するようにと伝えている。貞清は内山城の戦いで敗れ、武田に降って出仕を許されたことをみたが、ここに登場するのはどのような事情であろうか。また、当郷は青木村当郷の地とみられるが、貞清はどうしてここを小林氏に与えることができたのであろうか、思わざる展開である。

「小林家文書」には、もう一通の関係文書がある。村上義清から平四郎に宛てた書状で、二月二十二日の日付がある。一部を書き下してみよう（『高崎市史』資料編4二六七）。

今度、御合力について、諸山上総介を以て申し入れ候処、御納得、祝着の至りに候、然れば、大井方一諾申され候下地方の事、義清に於いて別条あるべからず候、去る又本主あるに至る地は、前々相定め候員数の如く、替地を以て申し断るべく候、早速御越山専要候、（下略）

下略以降に上田原の戦いの記述があるので、これらの文書は天文十七年のものであることが明らかになる。まず、大井貞清はこのとき義清と一体であり、貞清が小林平四郎に与えた所領はもともと村上氏が与えたもので、義清は本主がいれば替地を与えてもよいとさえ伝えている。義清の関心は合力と越山のこと、つまり平四郎が義清に合力し、軍勢を率いて信州に入ることである。貞清は村上氏の下で小林氏に連絡を取り、所領の進納の代わりに合力・出陣の約束を取り付けたのである。

前者には誰かの書き入れがあり、「信州へ甲州衆乱入、大井方より官《（管）》領様へ申し寄せらる時分、走り廻り、取り候知行の証文三通、子孫に於いてその旨を存ずべし」とみえる。約束は義清と山内家の間で行われ、平四郎がこれに関わり、所領を得たことになる。貞清はこのとき武田家から離れ、村上氏の所か佐久などで反武田の活動をしていたことになる。村上氏から所領を給されていたので、その家来となっていたのである。

一方、小林氏は単独でこれに応じたのではなく、大井方（貞清）から「官《（管）》領様」（憲政）へ話が持ち込まれ、憲政の指示の下で活動していたことは間違いない。また、義清・貞清から所領を与えられているので、両属という形になる。同時に二人の主人に仕えることは、中世では許されないことではなかった。

上杉方は実際に援軍を送ったのであろうか。これまでの研究ではそれには否定的であるが、次のような事例がある。上杉氏の重臣とみられる依田氏について、「寛政重修諸家譜」（巻第三百十四）に次の系図がある。

全良（右馬允）――全賀（六郎）――全真（下総）――信盛（又左衛門）

それぞれに略伝が付けられており、全良は板鼻城に在城し管領に仕え、その子全賀は幼少のときに父から離れ、藤田上野某という人物に養育され、四十八歳で碓氷峠において戦死を遂げた。全真は平原城に住み、村上義清の手に属したが、義清が流浪した後は浪人となった。法名を全棟という。信盛《のぶもり》は武田家に仕えて信の字を与えられ、全栄《ぜんえい》と号して五十一歳で没した、などと記されている。

ところが、この系図にはさまざまな問題点がある。例えば、全良は板鼻の依田氏で、全賀以降は鷹ノ巣依田氏とみられ、系図が合成されている可能性があり、全賀は碓氷峠で討ち死にしたとあるが、小田井合戦の誤りとも考えられるという（黒田基樹④）。ところで、重要な点は、全真が村上氏の手に属したという記述である。これは、小林氏の例を想起すれば、依田氏も上杉家臣でありながら、村上氏から所領を与えられていたと考えられる。すでに述べたように、村上氏は佐久郡域も版図としたことがあり、佐久郡内に旧領を抱えていた。そのような所領を含めて給付することによって、村上氏は山内家中から味方となる人々を集めていたのである。

平原城は依田氏に関わる城であり、全真以降、同氏の居城となっていたことがみえる。天文十八年九月頃、平原城に武田家に敵対する勢力がいたことがうかがえた。これは、依田氏を含めた上野の軍勢が駐屯していた可能性を示す。村上氏の庇護を受けた依田氏らが、武田軍と一進一退の抗争を続けていたものとみられる。なお、平原城は複雑な構造を持った大型の城で、後に武田氏の上野侵攻の拠点として利用されている。武田氏によって補修・整備が行われ、現況となったのであろう。

村上氏は、天文二十二年四月九日まで葛尾城を維持したが、この日、同城は自落し、義清は越後に逃れた。詳細にみると、村上氏のおかれた環境は安楽なものではなかったが、天文十九年九月九日の戸石城（上田市）での勝利までは、武田方と互角に戦っていた。それ以降、衰退に向かったとみられるが、これは上杉氏の衰退・没落と軌を一にしている。上州からの軍勢が佐久郡北部に進出し、平原城などで後詰として機能していたことが、村上氏を支えていたとみられる。全賀の碓氷峠における討ち死にも、このような抗争の一環であったかもしれない。

第五章　憲政を支えた人々

根本被官長尾氏

憲政が家督を継いだ頃、山内家の領国はどのような状況に置かれていたのであろうか。このとき、山内家の版図は守護国である上野一国と、武蔵北部を加えた地域に限定されていた。扇谷家の領域は河越領と松山領のみで、国衆としては岩付太田氏が唯一、扇谷家に従っていた。扇谷家は天文六年（一五三七）に河越城、同十五年に松山城を失って消滅したが、山内領でも忍の成田氏や深谷の庁鼻和上杉氏も離反し、北武蔵においては、本庄や児玉などの地域がかろうじて残るのみとなっていた。

ところで、古くから山内家を支えてきたのは、長尾氏・大石氏ら根本被官と称される人々である。大石氏は武蔵南部に拠点を構えていたこともあり、北条氏の侵攻によって山内家から離れ、その配下となっていた。唯一、藤右衛門綱資《つなすけ》が憲政に仕え、越後に供奉したことが知られる。一方、長尾氏は関東と越後に一族が分かれているが、関東では戦国期には惣社と白井、下野の足利（足利に移る以前は鎌倉長尾という）に拠点を構えて一族が分立していた。

関東の三長尾氏は同族であることによって、通婚や、子がない場合に養子をやり取りするなどして、互いに助け合うこともあったが、特定の当主に結びついて競合することも多かった。山内家当主を支える地位として家宰職があり、長尾一族が交互に務めてきた。家宰職は公的な職ではなく、山内家の家政を取り仕切る役割であるが、家中を代表し、時には当主の代行者ともなった。そのため、誰がその地位に就くかは家の浮沈に関わり、一族内の地位を示すものとなっていたのである。そのため、長尾一族はこの地位をめぐって対立を繰り返している。

　永享の乱・結城合戦後に憲忠を擁立し、享徳の乱において房顕・顕定を助けたのは、白井長尾氏の景仲・景信父子であった。景仲は鎌倉長尾房景《ふさかげ》の子であったが、景守《かげもり》の婿養子となって白井長尾家を継いだ人物である。景仲が寛正四年（一四六三）、景信が文明五年（一四七三）に没すると、その実弟で惣社長尾家を継いでいた忠景《ただかげ》が家宰職に指名された。これに対し、景信の子景春は不満を抱き、文明八年（一四七六）に顕定に謀叛を起こしたことはすでに述べた。以後、景春は永正十一年（一五一四）に没するまで山内家に抵抗し続けた。景春は一時憲房を擁立したこともあったが、これによって白井長尾氏は山内家の中枢からは排除され、白井領を支配する国衆となったのである。

　惣社長尾忠景は文亀元年（一五〇一）頃に没し、家宰職はその子顕忠《あきただ》が継いだが、その顕忠も永正六年に没した。なお、顕忠は秋田藩に伝来した「長尾系図」に「杉山長尾」としてみえ、武蔵国杉山城（嵐山町）を本拠としたという。顕忠の跡を継いだのは、まだ若輩の養嗣子の顕方である。顕方が家宰職を継いだ直後、山内家に重大事が出来する。当主顕定が越後で討ち死にしたのである。すでに述べたように、その後、養子顕実と憲房との間で家督相続の争いが起こった。顕方は顕実を支えたものの敗れ、これ以降、惣社長尾氏も上杉中枢から排除されていった。

憲房の擁立を推進したのは、足利長尾景長《かげなが》であった。足利長尾氏は、景人《かげひと》が文正元年（一四六六）に足利荘代官職を宛て行われ、同人が同年十一月に「勧農打入」を果たしたという（「長林寺系図」）。この後、景人の跡を長子定景《さだかげ》が継いだものの夭折し、景人の弟の房清《ふさきよ》が継いだ。房清は長享の乱においては山内家を離れて扇谷家に属したが、扇谷定正の没後、山内家に帰参が許された。房清の後は定景、その後は景長が継いだ。景長のときに顕実と憲房の家督争いが起こったが、景長は憲房の擁立に尽力し、その結果、家宰職に就くことになった。以後、景長の子憲長《のりなが》・当長《まさなが》が家宰職を継承し、憲房・憲政を補佐したのである。

憲政時代の上野国衆

上野の国衆と称された、一般の武士の動向をみてみよう。まず、天文二年（一五三三）の鶴岡八幡宮再建の奉加帳である「快元僧都記」に、上野国の武士名が出てくる（群一九七一）。同記の二月九日条によると、この日快元らは「上野口」に向かい、二十二日に鎌倉に帰ったとあり、この間各地を回ったことがわかる。この中で三田弾正忠・小菅（小宮）宗右衛門・平山伊賀（以清斎）・大石（以月斎）・内藤左近将監らは間違いない人々とある。これらの人々は武蔵国に住み、北条氏に従っていたこともあり、協力が期待できたのであろう。

続く秩父孫次郎・藤田小三郎・久下左近将監・忍の杉本伊豆守・成田らまでが北武蔵の人々で、続いて高山・木部因幡守・岩下・小幡播磨守・同図書助・長野宮内大輔・長尾平五・高田伊豆守・羽尾・

沼田中務少輔・吉里対馬守・諏訪左馬助・安中宮内少輔・多比良・斎藤越前守・倉賀野左衛門尉・飽間右衛門大夫・依田右衛門大夫・小菅加賀守らの名がみえる。高山以下の人々は上野国衆とみて間違いない。

このとき、憲政は河越のことを理由に奉加に応じなかった。鶴岡再建は北条氏が主導したもので、憲政としては唯々諾々《いいだくだく》として従うことができなかったのであろう。ただし、憲政は自身の意向を配下の武士たちに強制はしておらず、高山・木部・多比良・安中・倉賀野氏らの、山内家に近い人々もこれに応じている。鶴岡の再建は信仰に関わるものであったから、憲政もそこまで介入はしなかったとみられる。長尾一族で名前があるのは、長尾平五とみえる惣社長尾氏だけである。長野氏も厩橋長野氏（宮内大輔）は応じているが、箕輪長野氏はみえない。那波氏や横瀬氏もみえない。小幡氏では播磨守と図書助の二人がみえ、有力な二家が応じていた。

一方、吉里・諏訪・飽間・依田・小菅氏などが、これまであまり活動がみえなかった氏族である。吉里氏は白井長尾氏の重臣であり、諏訪氏は松井田、飽間は秋間、依田は板鼻の武士とみられる。なお、諏訪氏には箕輪長野業尚《なりひさ》の子明尚《あきひさ》が入っており、左馬助はその子と考えられるという。飽間氏は碓氷郡の秋間氏とされるが、吾妻郡域に進出した飽間氏であろう。小菅氏については、天正期に足利長尾顕長《あきなが》が小菅又右衛門尉らに判物《はんもつ》を下しているので、足利長尾氏の家臣とも考えられる（群三三五四）。そうであれば、同氏は白井長尾氏とともに家臣が対応したということであろうか。

次に、永禄三年（一五六〇）に長尾景虎が越山した際、参陣した武将を書き上げた「関東幕注文」

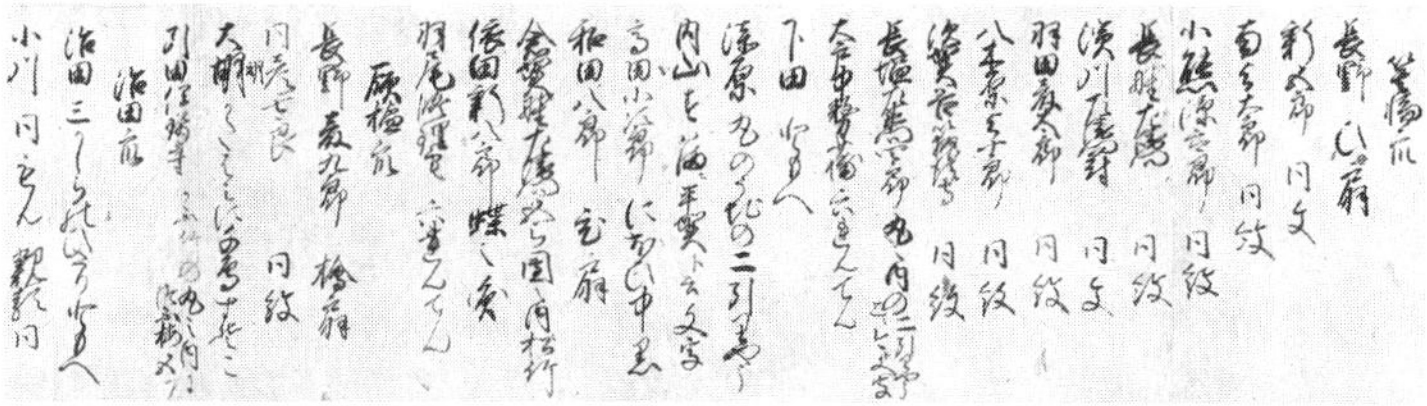

「関東幕注文」中の上野国衆部分のうち箕輪衆・厩橋衆・沼田衆の部分　「上杉家文書」米沢市上杉博物館蔵

という史料をとりあげてみよう（群二一二二、以下「幕注文」）。後述するが、憲政は北条氏に逐われて越後に逃れたものの、長尾景虎の助力を得て越山し、関東に進出する。「幕注文」はそのとき景虎の旗下に結集した武将を書き上げた史料であるが、多くの武士が登場するので、この時期の上野の状況を知るためには最も重要な史料である。

この史料で、上野周辺の武士は「衆」という単位で結集しており、白井・惣社・箕輪・厩橋・沼田・岩下・新田・足利・桐生の九つの衆がみえる。この名称について、例えば白井衆は、白井城を居城とする白井長尾氏を中心とする軍団を示すもので、リーダー的な武士の居城地名によるものとみられる。

このような記載は、「快元僧都記」の書き方と大きく異なる。「幕注文」では、上野の武士はリーダー的な武将を中心に特定の集団を作っている。リーダー的な武士とその構成員というように、主従関係とはいえないが、武将たちの地位や立場の違いを示すとみられる。戦時にはこのような形で参陣し、平時にも、このような関係がある程度続いていたのであろう。

例えば、新田衆には三十人の武士がみえるが、次のような構造となる。

①横瀬氏当主とその親類（四人）

②岩松一族（三人）……西谷・三原田・泉氏
③同心と呼ばれる周辺の武士（十四人）……小此木《おこのぎ》・赤堀・山上・朝原・善・武井・新開・薗田・
市場氏ら
④家風と呼ばれる横瀬氏の被官（四人）……矢内・大沢・林氏ら
⑤何の注記のない周辺の武士など（四人）……金井・県《あがた》・田部井氏ら

②は、横瀬氏の本来の主家筋の人々であり、「殿」と敬称付で呼ばれている。③は、周辺の国衆であるが、横瀬氏に同盟・従属（同心化）したものの家臣化はしていない。④は、横瀬氏を主人と仰ぐ従者（横瀬被官）である。⑤は、同心化まではしておらず、このとき新田衆に加わって参陣した者であろう。これをみると、横瀬氏は金山城を中心に周囲に勢力を拡げ、③や④の周辺の武士たちを囲い込んで、一つの軍団としてまとまって参陣したことがわかる。

これと対照的なのが沼田衆である。沼田衆は、①沼田氏とその親類七人、②五人の家風、③周辺の武士一人からなる。親類は鎌倉時代から分かれ出た庶子の家で、家風のうち二人も同族である。沼田氏の勢力は周辺にはあまり広がっておらず、一族を中心としたものであることがわかる。岩下衆は史料に欠落があるが、これも一族のみである。

ほかの衆は、これらの中間形態である。足利衆は新田衆に近い。長尾但馬守を中心に、十八人の同心を抱え、一人の家風、それ以外の肩書きのない武士五人からなる。同心は足利近辺の武士、小野寺・県・名草・小保らとともに、安保・岡部・平沢・本庄・久下・浅羽など北武蔵の武士もみえる。彼らを同心化していた理由として、足利長尾氏が北武蔵の地域を勢力基盤にしていたことがあげられる。足利長尾氏の当初の勢力基盤はここにあったが、前述したように、その後足利へ基盤を移したのである。さらに、足利衆には小幡氏や安中氏の一族もみえ、複雑な構造がみられる。足利長尾氏は上杉氏被官として、北武蔵・足利の二つの地域を基盤に、その周辺に勢力を広げて同心を組織していったのであろう。

箕輪衆は、①長野氏当主とその一族九人、②周辺の国人や土豪十人からなる。②はさまざまな人々がみえ、新田衆とは様相を異にする。②の中には周辺の土豪クラスの武士もいるが、同心とは書かれていない。史料の性格から、同心の語を書かなかった可能性もあるが、高田氏・倉賀野氏・依田氏らは山内家の被官的性格の強い武士であり、少なくともこの時点では、長野氏の同心とはなっていない。羽尾氏も吾妻郡の武士で、距離的にも離れており、通婚などの特殊な事情で箕輪衆に加わったともみられる。

白井衆をみると、高山・小林氏をはじめ、高山御厨や多胡荘など平井城に近接した地域の武士を多く結集している。惣社衆も同様な傾向がみられる。これらは、山内家没落後の西上野の武士たちの集合離散が反映されているのであろう。つまり、山内家の近臣たちは憲政が没落した後、惣社長尾・白井長尾氏の下に結集していたとみられる。両長尾氏は山内家の根本被官、山内家宿老という立場から、彼らの受け皿となっていたとみられる。

桐生佐野氏は、享徳の乱で桐生郷に入部して国衆化したが、本家の佐野家と一体となって、両毛地域にまたがる地域支配者となった。周辺の武士とおぼしき人々もみられるが、同心とは書かれていない。厩橋衆も、長野氏二人と周辺の武士二人である。

上野では南北朝期以来、中小の国衆たちによって上州白旗一揆が結成されており、彼らによって地域の安定が保たれてきた。戦国期に入ると、一揆の人々も守護の配下に組み込まれて、山内家の軍事力として活動してきた。しかし、山内家の没落によって有力な武士が中小の武士たちを抱え込み、衆というまとまりが作られたのであろう。横瀬氏・足利長尾氏は彼らを同心として、より強固な結合を作っていたが、ほかは一族・被官を中心としたもので、同心化を果たせていない状況にあった。

このほか、「幕注文」には登場しないが、上杉氏に敵対した勢力として、小幡氏・那波氏・赤井氏らがいた。小幡氏は甘楽郡域、那波氏は那波郡、赤井氏は邑楽《おうら》御厨の武士を結集して、それぞれ独自の衆を構成していたとみられる。小泉城の富岡氏は赤井氏の与力の武士であったが、後に赤井氏から離れ、国衆として自立する。

戦国期の「領《りょう》」と国衆

戦国期の武士たちの支配領域について、それを的確に示す史料用語がある。それは「領」という概念である。中世の地域区分として、平安末期に成立した荘園と公領の郡・郷があったが、戦国時代には、これに代わって新たな地域概念として領が成立する。上野の戦国時代の文書に登場する領としては、羽尾・吾妻・沼田・尻高《しったか》・白井・大胡・箕輪（長野）・惣社・厩橋・多比良《たいら》・高山・安中・高田・

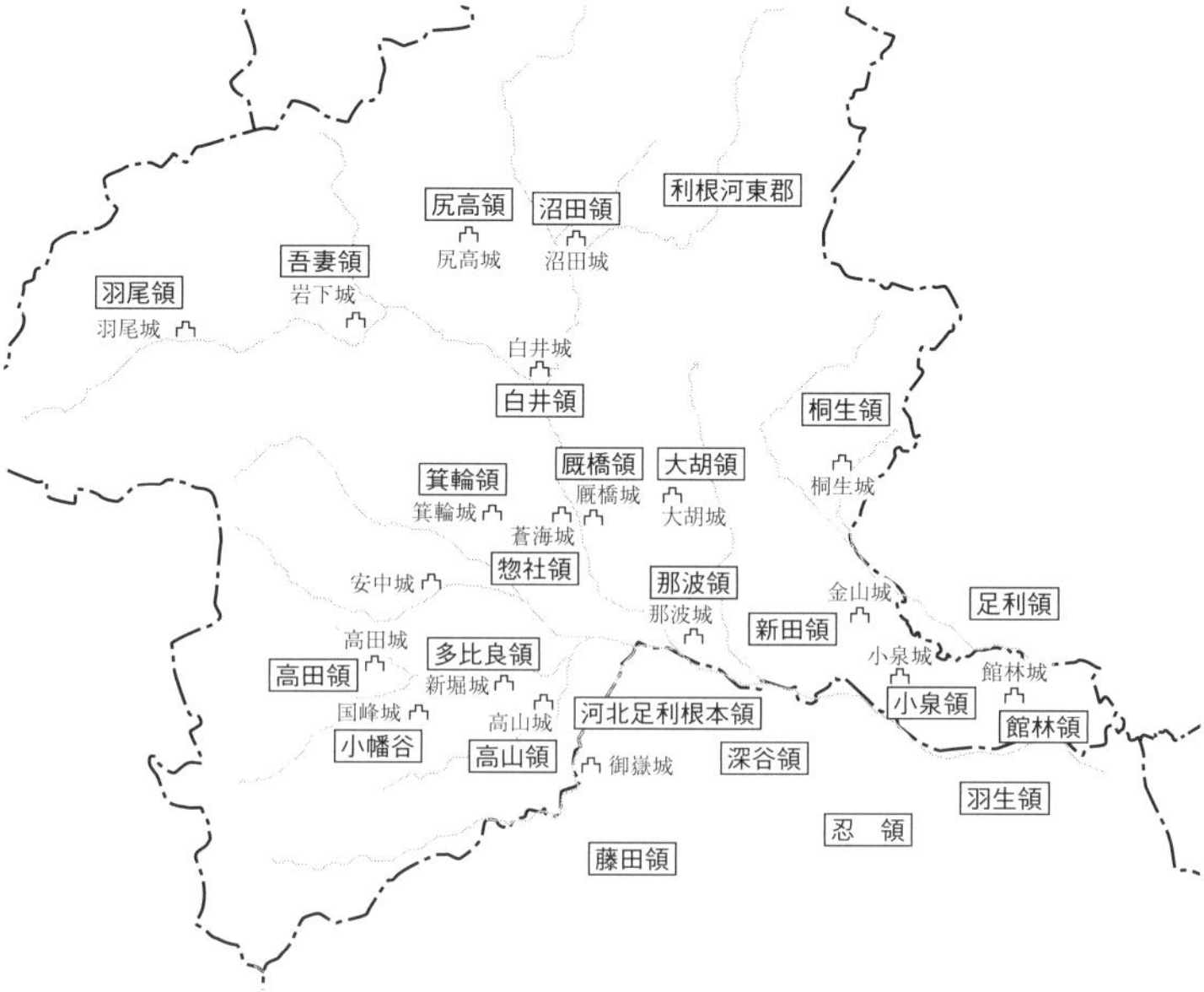

図５　上野国の領の分布図

那波・新田・小泉・桐生・館林の十八の「領」がみえるという（則竹雄一）。これ以外に、小幡氏の所領を示す用語「小幡谷」がみえるが、これも領に準ずるものと考えられる。

これらの「領」を「幕注文」と比較すると、吾妻領は岩下衆斎藤氏、沼田領は沼田衆沼田氏、白井領は白井衆長尾氏、箕輪領は箕輪衆長野氏、惣社領は惣社衆長尾氏、新田領は新田衆横瀬氏、厩橋領は厩橋衆長野氏、桐生領は桐生衆桐生佐野氏と一致する。那波領と館林領は、北条氏についた那波氏と赤井氏の所領を示すのであろう。小泉領は赤井氏の与力であった富岡氏の所領であろう。また、大胡領は厩橋長野一族の所領である。なお、岩下・大胡・館林の事例をみると、領の名称は領主の居城があった地名によると考えられる。

それ以外に、羽尾・尻高・多比良・高山・安中・高田領がある。これらは「幕注文」では衆のリーダーとしてはみえず、構成員となっている武士たちである。羽尾領・高田領は箕輪衆にみえる羽尾氏と高田氏、尻高領は沼田衆にみえる尻高氏、多比良領・安中領は惣社衆にみえる多比良氏・安中氏、高山領は白井衆にみえる高山氏である。

ところで、これらの領はいつ頃成立したのであろうか。上野で「領」を示す初見史料が、次の北条氏康書状である（群二六五七）。

当口出陣に至り、定めて御満足たるべく候、今日は河鰭に陣を取り、佐野・新田領に放火すべく候、然れば、御同名蔵人方十騎計にて、茂弾手へ差し越すべく候、彼の口案内者の由に候間、諸事相談すべく候、将又《はたまた》、新田境に候間、一勢遣はすべく候由、茂弾申され候、大谷藤太郎遣はし候、猶澤弥十郎申すべく候、恐々謹言、

九月十一日　　氏康（花押）

（宛所切断、小泉城主富岡氏宛）

この文書は、天文二十一年（一五五二）の上州侵攻に関わるもので、北条方が憲政に従う横瀬氏に対抗し、味方となった小泉城主富岡氏に援軍を差し向けたものである。このなかで、氏康は敵対する佐野氏・横瀬氏の支配領域を佐野領・新田領と称し、放火働きを敢行すると述べている。

新田領は、新田荘とは異なる地域概念である。この時期、新田荘は横瀬氏が支配する領域の一部にすぎず、その基本的な支配領域はそれ以上に拡大していた。新田領の周辺には桐生・大胡・那波・小

泉・館林領がみえるので、それらとの接点までが新田領であったと考えられる。岩松氏がこのときまでに所領化した荘郷をみると、次のものがある。

①大蔵保《おおくらほ》

「松陰私語」に、「大蔵郷四郷者、京都上之吉良殿の旧領なり、然るに横瀬良順、直銭一千貫に買得す、彼の地は当方御恩之地にあらず、先の証此の如し」とみえ、横瀬氏が吉良氏から買得した。

②寮米保《りょうまいほ》・薗田御厨

「足利成氏書状写」(群一八二三)に、「寮米十郷并薗田上下事、当知行の旨に任せ、以後においては相違あるべからず候」とあり、成氏によって領有を安堵されている。

③広沢郷

「足利高基書状」(群一九四三)に、「広沢郷用水の事申し上げ候、御意を得候、縦ひ向後において、充行はらる仁候共、此の儀においては、別条あるべからず候」と、用水の使用権を認められており、これ以前から広沢郷に対する支配権を行使していた。この文書は、封紙に大永二年(一五二二)と封紙にある。

④佐位(渕名)荘

「松陰私語」に、「今渕名庄・薗田庄・寮舞郷、御地の寺社の事、其方へ進らせ置き候」とみえる。岩松家純が渕名荘などの寺社の支配権を松陰に与えたが、これは岩松氏が佐位荘に対して、薗田御厨・寮舞郷(寮米保)とともに、何らかの権限を持っていたことを示す。後者は②で横瀬氏に安堵された。佐位荘も横瀬氏が継承したと考えられる。

新田領は、新田荘を中心に少なくとも①〜④を含むものであった。後に横瀬氏は、永禄十年（一五六七）前後に桐生領を得るが、桐生領は新田領とは別の所領単位であった。これらは「幕注文」にみえる新田衆の武士たちの居住域と重なる。

新田領は横瀬氏の支配領域を示すものとして、憲政の段階ではすでに成立していた地域概念であり、国衆の所領単位でもあった。この場合、岩松氏・横瀬氏が先祖から受け継いだ所領を中心に、買得によるものや、幕府や古河公方の宛行・安堵などによって成立したもので、守護山内家も承認していた。

横瀬氏の政治的立場として、室町将軍家や古河公方家との交流がみられ、守護山内家からは自立しているようにみえるが、上野の国人であることから上野国守護から出陣の命令が下され、それに従う義務があった。例えば、永正元年（一五〇四）九月の立川原合戦に、横瀬氏も参陣している。その模様について、「山内又立川原に張陣の上、当方順番出陣の衆各陣を張り、九月二十七日に合戦す」と記されている（「松陰私語」）。さらに、その後の松山城攻めでは次のように記されている。

（上略）、その城主上野守を討ち捕ふ、然りと雖も当方は順番の上、当番衆出陣す、山内より当方悉く出陣の儀、去年以来御催促これありと雖も、当方代官として横瀬新六郎景繁未だ参陣に至らず、越州陣の見聞、それをなして仰せ出らる、今度に於いて参陣と仰せ越され、然る間景繁当方代官として始めて出陣す、五百余騎を供奉して参陣す、（後略）

これによると、岩松氏は山内家から順番によって軍勢催促を受けており、出陣が遅れた場合には、催促も行われていた。守護が行う戦争に、領国内の国衆たちは出陣の義務が課せられ、それには公平を期すため順番が決められていたことがわかる。このシステムは、当然その後も維持されたであろう。

ところで、新田領付近にも山内家の勢力は及んでいた。前述したように、「幕注文」に新田衆の中に同心とみえる善・山上氏は、享徳の乱以前においては山内家の馬廻衆であった。膳・山上の地は国衙領（山上郷）と推測されるので、国衙職を掌握した山内家に従属したとみられる。享徳の乱の混乱の中で、至近の勢力であった横瀬氏との関わりができたのであろう。

横瀬氏の本拠であった新田金山城跡　群馬県太田市

赤堀氏は、佐位荘赤堀郷を基盤とする秀郷《ひでさと》系藤原氏の一門であるが、「幕注文」に新田衆の同心として又次郎がみえる。赤堀氏は河越合戦に参戦して憲政から感状を下されているので、山内被官であった可能性があり、山内家没落の結果、新田衆の同心となったとみられる。「赤堀文書」で赤堀氏の動向をみると、享徳の乱期には古河公方に従った時期もあり、その後も赤堀氏は上杉方と古河公方方の間を行き来している。山内家に従いながら、自立を模索していたのであろう。

高山御厨の高山・小林一族

新田領・那波領・館林領など、郡以上の規模の領を支配する国衆がみえる東上州に対し、上野西南部は守護領が分厚く広がっていた。この地域の領は小規模なものが多く、その被官らが山内家から所領や代官職の形で与えられたものが基本となっていたとみられる。この地域の武士にとって、山内家は守護でもあるが、同時に主人でもあった。

領として名がみえるものに、多比良・高山・安中・高田領などがある。安中・高田氏は、実態としては国衆ともいえるレベルと思われるが、「幕注文」によるとそれぞれ惣社衆・箕輪衆に属して参陣しており、独自の衆を構成していなかった。これは、彼らが山内家の被官であったことと無関係ではあるまい。つまり、安中・高田氏は、領を支配する自立した存在ではあったが、衆のリーダーとしての地位は確立していなかったことになる。山内家の没落後、有力国衆化していた長尾・長野氏の下で、その一翼とならざるをえなかったのである。

まず、平井城のお膝元の緑野郡をみておこう。緑野郡の大部分は高山御厨であり、それ以外に板倉郷などの国衙領が想定されている。ここには当然、山内家の被官が配置されていたことが予測される。例えば、東平井の岸家の先祖について、白井長尾景仲の三男の景頼《かげより》が岸を姓とし、その子景敦《かげあつ》が憲房に臣従し、平井城下に居住し、平井落城後にここに土着したと伝承されているという（『群馬県姓氏家系大辞典』）。岸氏は、白井長尾氏の家臣にもみえる。山内家は長尾一族や国衆の庶子らを取り立て、直属の家臣に加えていたのであろう。

鎌倉期以前から高山御厨に居住する武士として、高山氏・小林氏がいた。彼らは、山内家が南北朝期にここを所領とするなかで被官化したとみられる。「幕注文」には、白井衆のなかに高山山城守と小林出羽守がみえ、彼らがこの時期の高山・小林一族の惣領《そうりょう》であろう。高山氏に関して、次の史料に高山領がみえる（群二七〇九）。多比良領もみえるが、これは後述する。

　東平井市の事
一、三日・八日・十三日・拾八日・廿三日・廿八日の事、
一、多比良領・高山領の地下人、御分国の内何れの領中に居住候共、還附住致し、田畠を耕やせしむべきの事、
　付けたり、信・上両国の間、堅く申し触るべきの事、
以上、
具に前に在り、
　　　　原隼人佑子奉之
元亀三年壬申六月十四日（龍朱印）
　高山彦兵衛尉殿

高山氏は憲政の没落後、北条氏に従い、次いで武田氏に従って生き延び、元亀三年（一五七二）に東平井で三・八の六斎市《ろくさいいち》を立てることを認められた。山内家の直轄領の東平井が高山氏に与えられたことがうかがえるが、さらに多比良領・高山領の地下人《ぢげにん》（百姓）の「還附」（強制引き戻し）も命じら

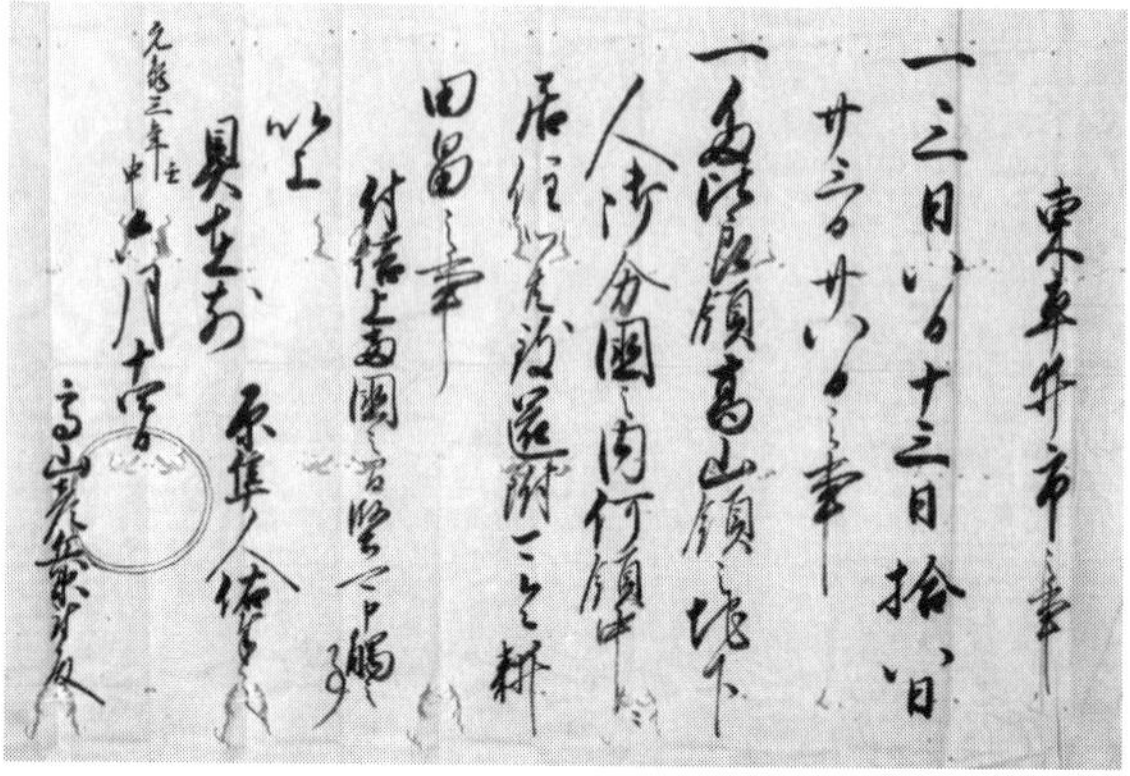

元亀４年６月16日付　武田家印判状写　「高山文書」　群馬県立歴史博物館蔵

れていることから、両領もその支配下にあったとみられる。実際に同年六月九日に、彦兵衛尉は多比良で二百二十貫文の地の代官に任じられている（群二七〇七）。

高山氏については、「高山氏系譜」がある（『藤岡市史』）。それによると、重栄《しげひで》のとき、父時重《ときしげ》・弟重範《しげのり》らとともに新田義貞《よしさだ》に味方してさまざまな軍功を挙げたが、義貞没落後、浪人となった。そのとき、山内家に仕えて高山に戻ったという。戦国期の系譜は次のようにみえる。

- 重友
  - 重次
    - 憲重—重純—重孝—満重
      - 行重
      - 光重
      - 定重
    - 重員
  - 盛重

冒頭にみえる重友《しげとも》は、系譜の記述によると、結城合戦のときに出陣して香川周防守を討ち取ったとみえる。「結城戦場記」にも、高山越後守が長尾因幡守とともに香河周防守の頸を討ったとみえ、信頼できる記述と考えられる。高山越後守は、このとき上杉清方の被官としてみえるので、山内家に臣従していたことがわかる。なお、このとき、「上野一揆」中にも高山宮内少輔がみえ、高山家は二家あったことになる。宮内少輔が惣領家かもしれないが、山内被官となった重友の系統がその後有力となったとみられる。重次《しげつぐ》（重治《しげはる》とも）は高山荘内清水城に居城し、上杉房顕に仕えたという。その弟盛重《もりしげ》も房顕・顕定に仕え、武蔵国菅谷原合戦で討ち死にを遂げたという。

重次の子憲重《のりしげ》は顕定に仕え、延徳～永正期に所々の戦場に出陣し、永正七年（一五一〇）六月二十日、越後国長森原で顕定が長尾為景に敗れて敗死したとき、弟重員《しげかず》とともに討ち死にを遂げたという。事実であれば、高山兄弟は顕定の側近として仕えていたことになる。憲重の跡を継いだ重純《しげずみ》は、小田原城主大森実頼《さねより》（定頼《さだより》とも）の次男であったが、養子となって家を継ぎ、上杉憲房に仕えたという。重純は大永六年（一五二六）の平井合戦で軍功を立てたとあるが、これは上杉憲寛と憲政の対立に絡むものであろう。その子重孝《しげたか》は、北条氏康が平井城を攻めたとき、旗本・譜代の諸士とともに城を守って戦ったという。ただし、重純・重孝の二代については異筆で書かれており、年代の整合性も問題があり、ここに入るかどうか疑問視されている。憲重の跡は満重《みつしげ》が継いだともみられる。

満重は上杉・武田・北条氏に従ったとみえ、憲政に従った後、武田氏に従って生き残ったということであろう。満重の子行重《ゆきしげ》について、満重の実子ではないとする伝承が記述されている。この部分はつじつまの合わない部分もあるが、行重は上杉一族（顕実とあるが、房能の誤記）の子であり、満重は為景に逐われて逃亡する過程で三歳の行重を助け、憲政の許しを得て家嫡としたという。ただし、これを証明する確実な史料はない。

高山氏の居館は、字竹本にある高山館址と考えられる。南流する三名川《さんなかわ》と丘陵の間に方七五《メートル》ほどの方形の敷地がとれるが、東西の空堀はすでに消滅している。ここは近世以降も高山氏の住居として

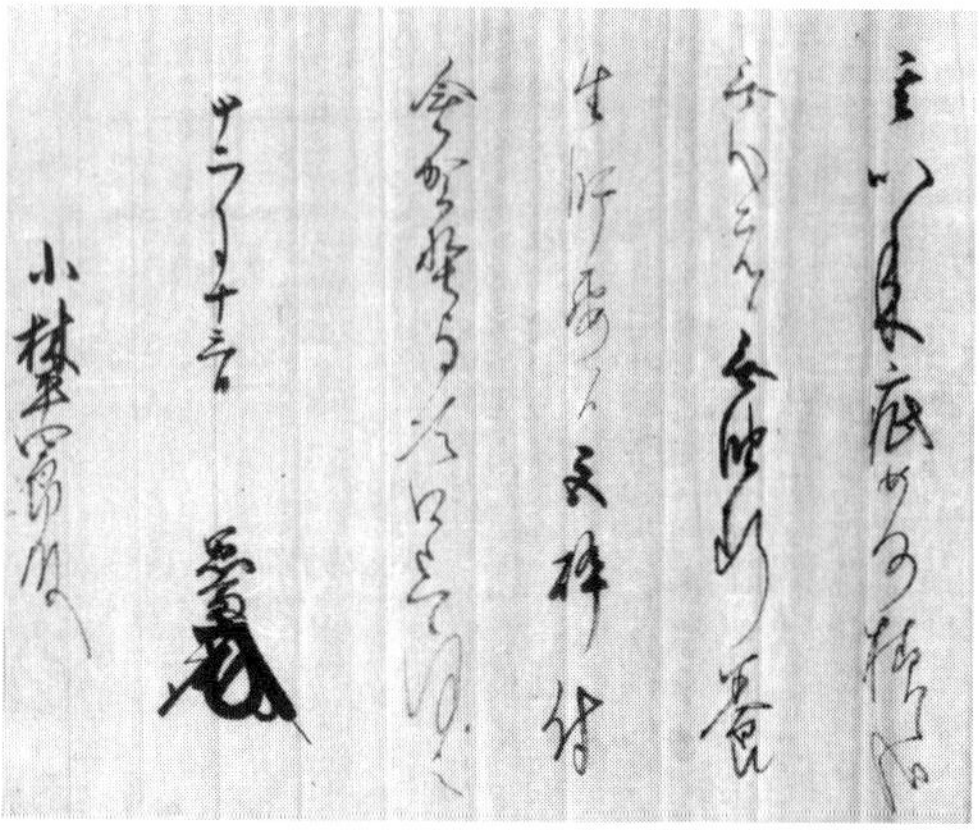

（天文17年）12月13日付小林平四郎宛て上杉憲当書状
「小林家文書」　群馬県立歴史博物館寄託

利用され、近代には養蚕学校高山社が置かれた場所でもある。その背後の通称コウモリ山の丘陵の尾根上に、日野金井城がある。この城は南側の天屋城と北側の要害山城からなり、鮎川を挟んでいるものの、平井城の南方一キロという近さで、平井城・日野金山城と三角形の形を構成する。平城《ひらじろ》の平井城の背後を固めるもので、平井城に関わるものであろう。

　小林氏も南北朝期以降、山内家に従っていることが、「小林家文書」によってうかがえ、南北朝期の上杉憲顕の時代に山内家に従っている。永享十二年（一四四〇）、憲実は小林尾張守に度々の出陣を感謝する書状を送り、永正九年（一五一二）、憲房が小林豊前守に今度の忠賞として「白倉備中守入道跡」を宛行っている。憲政も小林平四郎にしばしば書状を送っている。天文十七年（一五四八）には山内家に反抗した小幡憲重と戦って疵を負い、憲政から見舞いの書状を下されており、山内家に忠実に従ってきたことがうかがえる。

　平四郎の子監物《けんもつ》は、永禄四年（一五六一）に武田氏に仕えたが、緑野郡は北条氏の領国となっていたため本領は安堵されなかった。「幕注文」にみえた小林出羽守が嫡流で、この小林氏は上大塚郷（藤岡市）を所領とする庶家とみられる。武田家が緑野郡を版図に入れた段階、つまり永禄十年に本領に加え、緑野郡内などの所領が与えられた。緑野郡は武田・北条の国分《くにわけ》協定によって、それまで北条領とされてきたが、甲相同盟が破綻したことにより、武田家が実力で奪取したものであった。

日野谷の武士たち

平井城の脇を流れる鮎川の上流部の日野谷は、もともと多胡荘に属していたが、山内家の被官たちが居住する場でもあった。同地の下日野字駒留《まかぶ》には黒沢氏がいた。この黒沢氏は、安倍貞任《さだとう》の弟正任《まさとう》が黒沢尻に住んで黒沢姓を名のり、後に下日野に移って山内家に仕え、山内家没落後は武田氏に仕えたと伝承されている。

下日野駒留の聖天社の石段　群馬県藤岡市

同所の聖天社の南側の鮎川に面した所に黒沢屋敷があり、方百メートル程度の方形館址が想定される。聖天社境内には嘉元元年（一三〇三）の板碑、応永十□年銘の宝篋印塔、ほかに五輪塔などがあり、古くから武士が居住していた様子がうかがえる。同所の裏山尾根上に山城があり、駒留城と呼ばれ、黒沢氏の要害城とみられている。

黒沢氏居館から七キロほど上流の上日野字小柏に

小柏氏という土豪がおり、「小柏氏系譜」を残している（『藤岡地方の中世史料』）。その戦国期の系譜が次のようにみえる。

重行――顕重――顕高――┬高道――高政
　　　　　　　　　　　└高景――景氏

重行《しげゆき》は、父とともに上杉憲実に仕えたとみえる。その子顕重《あきしげ》は房顕に従い、顕の一字を与えられ、永正元年（一五〇四）の武蔵立川原合戦で討ち死にを遂げたという。顕高《あきたか》は顕定・憲房に仕え、さらに憲寛にも仕えた。顕の字は顕定から賜り、平井城に連日仕えたという。高道《たかみち》は憲政に従い、河越合戦に参陣した。平井城が落城した後、小幡尾張守重定《しげさだ》（憲重）に誘われたが、高道は応じなかった。その子高政《たかまさ》は重定の姪を娶ったので、小幡氏に従ったという。高道の弟高景《たかかげ》も憲政に従った。高景の腕力は他者に勝っていたので、官途名に因んで「鬼駿河」と称賛されたとある。

小柏氏の居館は、上日野字小柏の鮎川の崖上で山腹中段の緩傾斜面に位置する。背後は急峻な山である。小学校の用地として利用されたため、遺構は残っていないが、小規模な館址が想定される。西端に墓地があり、貞治六年（一三六七）銘の宝篋印塔・五輪塔があり、ここに南北朝期以前から武士が居住していた様子がうかがえる。

日野の豪族にはほかに後藤氏がおり、山内家に仕えたという。前出の「小柏系図」によると、高道の娘の一人は後藤新太郎基道《もとみち》の妻となったとみえる。「結城戦場記」の上杉清方被官の中に、八椚某の頸を取った者として後藤弾正忠がいるが、この一族であろうか。

後藤氏が天正十八年に上日野字御荷鉾《みかぼ》から移住して住んだという場所が、鮎川の最上流部の上日野字奈良山である。近くに五輪塔・板碑もあることから、古くから武士が居住していたことも想定される。谷下から急斜面を立ち上がった中腹部の標高六五〇メートル《メートル》の狭い平坦地が、後藤屋敷と呼ばれている。

多比良氏と長根氏

多比良の地名は、多胡荘内の郷名である。多胡荘多比良郷が多比良領となったのであろう。多比良の地は、平井城のある西平井からみると、郡境の小山を越えた西側の背後である。ここには平井から鏑川谷を通って信州へ向かう主要な街道も通っている。平井城防衛のためには確保しておきたい拠点と考えられる。

ここを苗字の地とする多胡一族の多比良氏については、鎌倉期からその名がみえる。多胡氏は渡来氏族である惟宗《これむね》を姓とするもので、河内源氏（義家《よしいえ》・為義《ためよし》・義朝《よしとも》）の家人でもあった。多胡家包《いえかね》は木曽義仲《よしなか》に従って近江で討ち死にを遂げたが、多胡一族は『吾妻鏡』にも登場し、多比良氏も鎌倉幕府の御家人となっている。多比良氏は「快元僧都記」や「幕注文」にもみえ、山内家に仕えていたのであろう。

多比良氏の居城が多比良城址（高崎市吉井町、新堀《にいぼり》城とも）と考えられる。この城址は北へ向かう舌状台地の先端部を利用した城館で、方百メートル《メートル》ほどの方形館であったものに腰郭が廻らされ、南北二百五十メートル《メートル》×東西二百メートル《メートル》の規模を持つ。持仏堂から発展したとみられる天台宗普賢《ふげん》寺が城址の前にあ

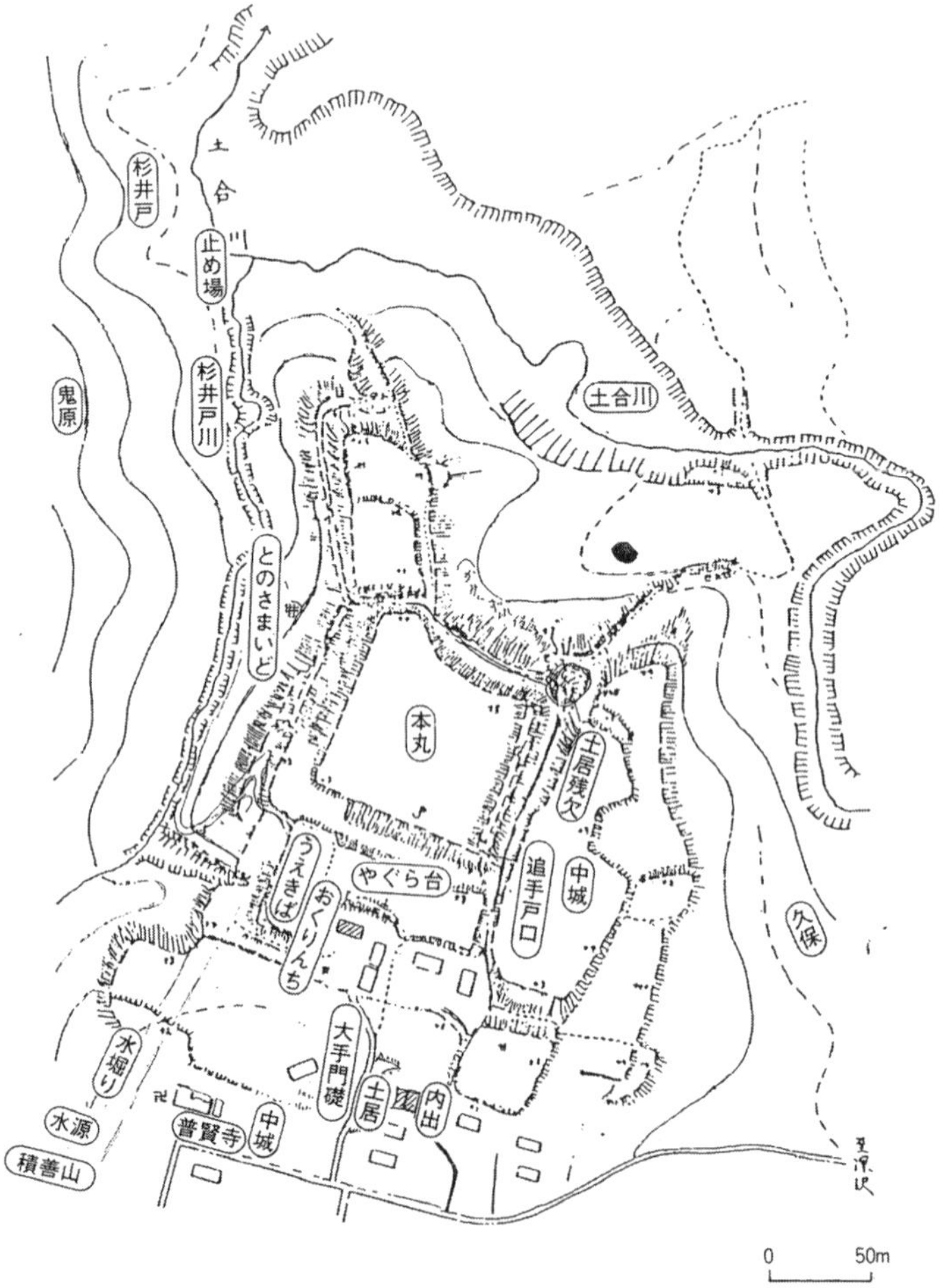

図６　多比良城跡縄張図　吉井町教育委員会『中世吉井の城館址』（2009 年）より転載

るが、同寺は中世仏を安置している。周辺には建治二年（一二七六）銘の異形板碑をはじめとして板碑が多数あり、中世の石仏もある。ここは、鎌倉期から在地の武士団の拠点であったとみられる。

元亀三年（一五七二）段階で、多比良領が高山氏に委ねられていたことから、このときまでに多比良氏が没落していたことが想定される。「上杉家御年譜」では、永禄五年（一五六二）五月二十三日条に、多比良監物（宮内少輔の子）と大類弥九郎が北条氏に通じたため、成敗されたとみえる。このことはほかに史料がなく断定はできないものの、永禄五年段階では鏑川谷は武田氏の支配下にあり、彼らが排除された可能性は高い。「幕注文」の惣社衆のなかに、多比良と大類弥六郎がみえる。

次の上杉景勝《かげかつ》朱印状によると、長根も領であったことを示すと考えられる（群三四〇一）。

出し置く知行の注文

一、安中一跡の事
一、平の事
一、高山の事
一、長根の事
一、あま引の事
一、関東中奏者取次の事
一、当国におひて出し置く知行、別に注文を遣し候事
以上

天正十三年十一月三日　（景勝朱印）
矢沢薩摩守殿

天正十三年（一五八五）は、天下を目指した羽柴秀吉が徳川家康と小牧・長久手で戦った翌年のことである。秀吉に従う上杉景勝は、徳川と結ぶ北条氏を脅かすため、沼田城にいた真田家臣の矢沢綱《つな》頼《より》（頼綱とも）を懐柔してこの注文を送った。味方に付いた場合、安中一跡・平・高山・長根・あま引を与えるというものである。「安中一跡」は安中氏の所領である安中領、「平」は多比良領、「高山」は高山領を示すものであろう。したがって、「長根」・「あま引」も長根領・天引《あまびき》領であろう。

長根（高崎市吉井町）は多胡荘内の村名でみえるので、多比良領と同様に、郷以下の単位で領が成立したことが想定される。長根の領主として長根氏がみえるが、これは実は小幡氏である。白岩（高崎市箕郷町）にある宝塔銘文に、「天正十年（一五八二）霜月二十四日」の日付に加え「長根住小幡縫殿助殿」とみえ（『榛名町誌』資料編2）、小幡縫殿助という人物が長根に居住していたことがわかる。永禄十年十一月二十五日には小幡孫十郎という人物がみえるが、縫殿助と同一人か先代とみられる（群二四〇二）。また、生島足島神社へ奉納した永禄十年八月七日の起請文には、神保昌光《まさみつ》・小河原重清《しげきよ》らが「長根衆」として名を連ねている（群二三七九）。両人は縫殿助の配下とみられる。

長根小幡氏は、長根領の領主として山内家に仕えていたのであろう。憲政退去後、北条氏・武田氏に従って滅亡を免れ、存続していたのである。武田氏の時代、元亀元年頃の長根小幡氏の動きがみえる。北条氏康が御嶽城主の平沢政実《まさざね》に宛てた書状によると、これまで合戦の場に何度も走廻し、そのうえ

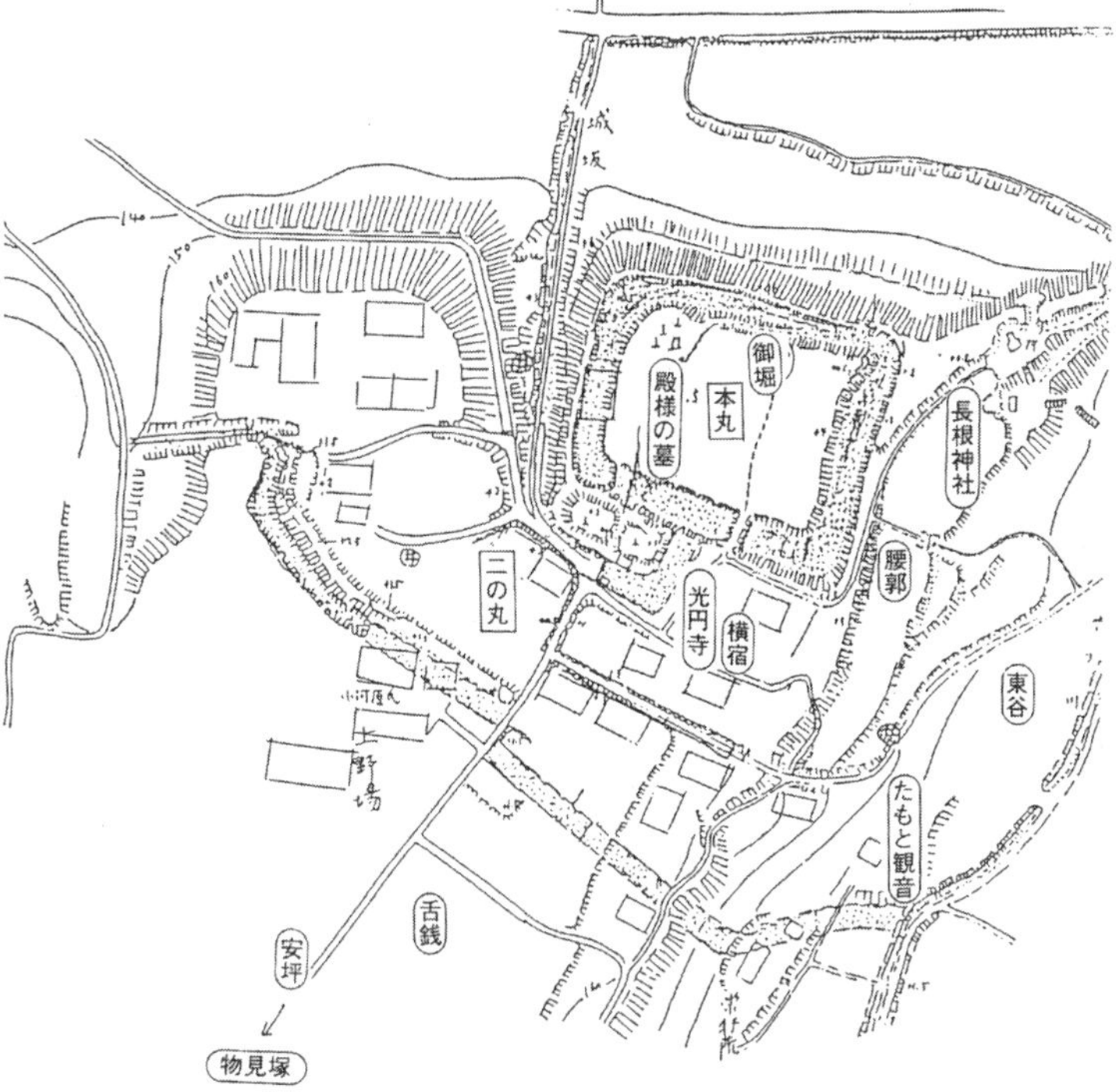

図７　長根城跡縄張図　吉井町教育委員会『中世吉井の城館趾』（2009 年）より転載

今度「小幡三河守・同長根両人」を味方に引きつけたのは立派な忠信であると、政実を褒めている（「安保文書」）。この頃、武田・北条の関係は険悪になっており、政実は旧交の誼を利用して両人を説得しようとしたのであろう。しかし、長根小幡氏は結局、武田側に残って滅亡を免れた。

　長根に長根城址があり、ここが長根小幡氏の居城であろう。長根城址は舌状台地の端崖を利用したもので、中心郭は東西八〇メートル×南北六〇メートルの矩形で、北側は端崖、東側は谷、西側・南側にいくつかの郭と空壕がめぐっている。中心郭の南側に横宿、北側の崖下に宿の地名があり、付近から埋銭が発見されている。域内からは板碑・宝篋印塔・五輪塔が出土し、南方の常行院からも板碑二十面が発見されている。ここも鎌倉期からの武士団の拠点であったことがうかがえる。

平井城の背後にあった多胡荘内では、多比良領に多比良氏、長根領に長根小幡氏が配置され、多比良城・長根城に拠っていた。両氏は山内家の被官で、両城は平井城の背後を防衛するものと位置付けられていたとみられる。

多胡荘に基盤を持つとみられる武士は、それ以外にも多くみえる。例えば、「幕注文」にはこの地域の地名を名のり、多比良と同じ紋(立てに二引両)を用いる武士がいる。それが、惣社衆の神保兵庫助・小嶋弥四郎、白井衆の馬庭・小串・多胡氏らである。神保氏については、年未詳であるが上杉顕定が神保孫太郎に書状を下している(「新編会津風土記」)。馬庭氏については、連歌師宗長《そうちょう》の「東路の津登」に登場する(群一八八七)。永正六年(一五〇九)のことで、このとき鉢形城で馬庭豊前守重直《しげなお》が連歌の会を興行しているが、重直は長尾顕方の下で上杉顕実に仕えていたとみられる。なお、永禄十年八月七日の生島足島神社奉納の起請文には、馬庭中務少輔家重《いえしげ》がみえ、おそらくその子孫であろう。馬庭氏は山内家に仕えた後、武田氏に従ったとみられる。小串氏は「結城戦場記」に、上杉清方被官の中に小串六郎がみえる。

多胡荘木部を苗字の地とする木部氏も、山内家被官である。文明五年(一四七三)十一月十日、木部隼人佐が幕府から伊豆・上野などの所領を安堵されている(群一七四八)。これは上杉顕定の申請によるものとみられ、木部氏が山内被官であったことを示すものである。

多胡荘には多比良氏以下、多胡一族を称す多くの武士がみえるが、荘内に所領を与えられて山内家に仕えていたのである。領としてみえるのは多比良・長根領であるが、それ以外の人々の支配地も領であった可能性がある。

額部荘に拠った天引氏・白倉氏・小幡氏

前出の上杉景勝朱印状には、「あま引」も挙げられていたが、これはあま引（天引）領とみられる。天引の地は額部《ぬかべ》荘に属すが、同荘は小幡・白倉・新屋郷の三郷からなっていた。小幡郷は小幡氏の苗字の地であり、白倉郷には白倉氏がいた。天引は新屋郷内の村であったとみられる。

天引には天引城址があるが、同城は永禄七年五月十七日の武田信玄書状写に、「何の敵地の麦作、悉く苅り執り、和田・天引・高田・高山へ籠め置く」と述べられ、敵地の麦を刈り取った後、籠め置くことになった城館の一つとなっている（群二三四二）。この段階で、天引城は武田方の城で、略奪した麦を積み込む城として指定されていることからみて、ある程度の要害であったのであろう。『上野国郡村誌』甘楽郡天引村の項によると、ここに「天引城墟」があったという。同城址は通称「仁井屋城址」とも呼ばれている。天引氏については、「信玄公御代惣人数」（「武田家分限帳」）の上野先方衆のなかに「海士尾」とみえるのが、天引氏であろう。「尾」は「曳」の読み間違いであろう。

このようにみると、白倉郷・小幡郷も領であった可能性が高く、武士として小幡氏・白倉氏がみえる。小幡氏については、その活動を示す史料には事欠かない。白倉氏については、「結城戦場記」の上杉清方被官の中に白倉周防守がみえる。額部荘も郷以下の単位で領が形成され、山内家に従う人々が配置されていたことがわかる。このうち小幡郷は、雄川《おがわ》の谷を領域としていることから小幡谷とも称されたのであろう。

　戦国期の小幡氏については、近年史料も発掘され、その動向が鮮明になってきた（黒田基樹⑤）。前述したように、憲重は憲政に敵対して北条氏についたが、それ以前の小幡氏は、山内家に忠実に従っていた。まず、「寛政重修諸家譜」巻五四四によると、戦国期の系譜は次のようになっている。

右衛門尉 憲高――右衛門尉 景高――右衛門尉 定高――右衛門尉 実高――播磨守 顕高――尾張守 憲重

　顕高以前の人物については、諱を特定する確実な史料はなく、この系譜も後世に整理されたもので、事実かどうかは検討の余地がある。文明三年（一四七一）九月十七日には、小幡右衛門尉・長野左衛門尉が上杉顕定の注進によって、それまでの忠節を褒める感状を将軍足利義政から下されており（群一七三二）、この時点で上野の有力武将となっていたことがわかる。この右衛門尉は年代からみて、顕高の二・三代前の人物であろう。

　顕高は播磨守を称しており、顕定の偏諱を受けたとみられる。播磨守としては、「快元僧都記」に小幡図書助とともに登場し、在地の史料では弘治三年（一五五七）八月二十四日に没したとみえる（「小幡氏歴代法名記録」）。その子憲重は、憲房の一字を拝領したのであろう。顕高・憲重の段階では、山内家側近として当主を支える立場にあったとみられる。

大永四年（一五二四）十一月二十三日の北条氏綱書状に、小幡氏が登場する（群一九四六）。憲房が毛呂《もろ》要害（毛呂山町）を攻めたので、氏綱が江戸城から毛呂に出陣したところ、長尾新五郎（足利長尾憲長）・藤田右衛門佐・小幡らが参り、「和談取刷」を申し述べた。これによって和睦が成立し、毛呂城は山内方に引き渡されたという。以上の史料から、小幡氏は和談交渉の席に連なっていたことがわかる。この小幡は顕高かもしれないが、その先代の可能性もある。

小幡憲重は、天文十七年（一五四八）に山内家を離反した。山内家に見切りをつけ、北条氏と提携して戦国領主としての発展を目指したのであろう。山内家の没落後、北条氏が上野の領国化を進めたが、憲重はその一端を担い、北条氏から山内家旧領などの宛行を受けたものとみられる。その一方で、憲重は武田氏とも連携していた。武田氏は甘楽郡奥部などに進出しており、憲重は武田氏からも所領の給付・安堵を受けていたものと考えられる。「甲陽軍鑑」には、信濃大日向《おおひなた》（東御市）で五千貫文を与えられたとみえる。

永禄三年（一五六〇）頃、小幡一族内で紛争が起こったことが「甲陽軍鑑」・「箕輪軍記」などにみえる。それによると、憲重の妻は長野業政の娘であったが、業政は憲重と折り合いが悪く、もう一人の婿図書助を味方につけ、憲重を逐い、憲重は信玄の許に逃れたという。この話は単なる一族間の紛争とは考えられず、憲政・謙信の越山が確実なものとなったとき、それを歓迎する勢力が武田・北条に近い人々の排除を図ったということであろう。図書助は「快元僧都記」にも登場したが、年代からみてその子とみられている。

憲政・謙信の越山のときの「幕注文」には、小幡図書助の名はないが、図書助もこれに応じたはずである。小幡一族として名がみえるのは、足利衆中の小幡次郎であり、この人物が図書助と同一人で、次郎の諱は景高《かげたか》とみられている(「高橋文書」、黒田基樹⑤)。次郎の家は、国峰小幡氏の有力庶家と考えられるという。なお、憲重は信玄の力を借りて、永禄四年に図書助を逐って国峰城を回復している。

小幡一族は国峰小幡氏だけではなく、三河守家や長根小幡氏・天引氏などがおり、ほかにも多くの分流があった。「幕注文」には小幡道佐《どうさ》がみえ、永禄十年の「生島足島文書」には、小幡左衛門大夫憲行《のりゆき》・小幡厳太郎具隆《ともたか》に加え、小幡親類中として弾正左衛門信高《のぶたか》・同左馬助高政《たかまさ》・自徳斎道佐・能登守行実《ゆきざね》らが連名で起請文を出している。信高以下は憲重に近い親類とみられる。

小幡道佐について、『上野国郡村誌』白倉村の項によると、白倉城址に関わる人物と伝承されており、道佐の一族が白倉氏を称した可能性もある。なお、白倉氏は民部という人物が憲政の越後入りのときに供奉しており、越後上杉氏の家臣にもみえる。また、上野に残って武田氏に従った白倉氏もおり、いつかは不詳であるが、源左衛門尉が武田氏に逆心を起こし、討たれている(群二七二六)。

小幡三河守は憲政の越後入りに供奉するなど、山内家に忠節を尽くしたが、その後上州に戻り、武田氏について生き残った。元亀元年(一五七〇)頃、長根小幡氏とともに平沢政実の誘いを受けたが、三河守は結局逆心と断ぜられている。六月十日付の武田信玄書状によると、高田大和守に討たれたことがうかがえる(「島根県立博物館所蔵文書」)。

安中氏と高田氏

安中氏については、碓氷荘は守護領とみられることもあり、上杉氏の根本被官であったとみられている。伝承によると、長享元年（一四八七）に越後国新発田の住人安中出羽守忠親《ただちか》がここに来て住んだのが始まりという（「和田記」）が、それが事実であれば、憲実・顕定らが越後上杉家から山内家に入った際に、関東に来たことが想定される。近年明らかにされた諸史料から、安中氏の当主の家系について、次のように考えられるという（黒田基樹①）。これは、在地の伝承などから得られる人名とは大きく異なる。

左衛門……顕繁（宮内大輔）……宮内少輔……長繁（七郎太郎カ）
　　　　　　　　　　　　　　　宮内少輔……重繁（越前守）——景繁（七郎三郎）——左近大夫

安中氏で最初に登場するのが、左衛門という人物である。享徳の乱の最中、左衛門は古河公方成氏方につく信濃の大井播磨守が、碓氷峠を越えてその所領内に侵入したことを報じている（「正木文書」）。安中氏は山内家被官として、当地域の防備を命じられていたのであろう。

次の顕繁《あきしげ》は、顕定の偏諱をうけたとみられる。享禄期に山内家で憲寛・憲政の対立があったが、このとき安中氏は憲政側につき、憲政の当主就任に大きく貢献した。この事件によって、安中氏は当主を支える有力武将に発展したとみられる。

「快元僧都記」をみると、この時期の碓氷郡域には安中氏以外に、諏訪左馬助（松井田）・依田右衛門尉（板鼻）もみえ、彼らも山内家被官であった。その後、山内家が没落して憲政が越後入りを果たすが、このとき七郎太郎が供奉をしたという。同人は長繁《ながしげ》の可能性が高く、これに代わって重繁が当主となったとみられる。

近世に安中宿の本陣・問屋であった須藤氏は、同氏系図によると秀郷流藤原氏を称し、代々山内家に仕え、上蒔田（安中市上間仁田《まにた》か）を領したという（『高崎市史』資料編4）。また、安中氏が当地に入ったとき、須藤・松本氏が案内者として入国したともみえることから、須藤氏は安中氏の被官であったとみられる。

高田氏は源頼政《よりまさ》の子孫を称し、菅野荘高田郷（富岡市）を苗字の地とし、鎌倉幕府の御家人でもあった名門である。上杉憲寛・憲政の抗争のとき、憲寛方となったが、憲寛は敗れた。これによって高田氏はしばらく逼塞していたとみられるが、信玄の佐久侵攻に対しては志賀氏を助け、高田頼春が討ち死にしたことは前述した。

上州一揆の旗頭であった長野一族

群馬郡は、平安時代に公領の郷が多く成立した地域であり、郷司《ごうじ》たちは上野府中に在勤する在庁《ざいちょう》官人《かんじん》でもあった。北から白井郷・渋川郷・桃井郷・長野郷・高井郷・府中があり、さらにその南部にも和田郷以下の小規模な郷が連なっていた。山内家が上野の国衙職を手に入れたことから、この地域に被官を入れ、その勢力基盤となっている。

例えば、白井郷は白井長尾氏が入って白井領となり、長野郷は長野氏に与えられて箕輪領となり、府中近辺は惣社長尾氏が入部して惣社領となり、高井郷厩橋は厩橋長野氏が進出して厩橋領となった。彼らは戦国期には有力国衆に発展している。一方、平井に近い群馬郡の南部域は山内家の支配が強く及び、その被官・馬廻り衆が配置された。

長野氏は上州一揆の旗頭であったが、始まりは上杉被官であったと考えられる。長野郷については、応永三年（一三九六）七月二十三日に、幕府が八幡荘などとともに山内憲定《のりさだ》に安堵している。長野郷は南北朝期に守護領として山内家に与えられていたものであった。長野氏はここを山内家から宛行われるか、代官として支配していたのであろう。なお、長野氏が最初に拠点としたのは室田（高崎市榛名町）であり、その後、箕輪城を築いて移ったことが考えられる。

箕輪城跡　群馬県高崎市

長野氏の支配領域（箕輪領）について、その範囲を知るうえで重要な史料が「長純寺記録」である（『群馬町誌』資料編）。曹洞宗長純寺は、長野氏の菩提寺として下芝に建立された。弘治三年（一五五七）、業政は母の十七回忌供養を機に、現在地（高崎市箕郷町富岡）に移転させている。そのとき、一族・被官が建築資材の梁と柱を負担した。梁は一族や有力家臣、柱はそれ以外の被官らが負担したとみられる。

①梁を寄進した者

出羽守・左衛門尉・左京亮・須賀谷・大学助・八木原・大熊・小倉・漆原・羽田・長塩

②柱・中柱を寄進した者

内山・下田・松田・下田大膳・源正左エ門尉・松田左馬助・山崎総太郎・長井・松田右馬助・長井彦太郎・漆原・長塩親類中・三ツ寺与四郎・左近助・佐鳥三人・中泉兄弟・棟高衆・中泉衆・本郷衆・里見衆・野田衆・室田衆・足門衆・綿貫衆・箕輪衆・富岡衆

①では、苗字のない人々は業政に近い長野一族である。筆頭の出羽守は業政の庶子出羽守業親《なりちか》(「彦根藩侍中由緒書」)、左京亮は業政の弟直業《なおなり》である。須賀谷は高崎市群馬町の地名、八木原・漆原・羽田(半田)は渋川市の地名である。②では、下田氏は長野家宿老である。ほかは苗字から居住地を探ることができないものもいるが、三ツ寺・中泉・棟高・足門は高崎市群馬町、本郷・里見・室田は高崎市榛名町、野田は吉岡町、箕輪・富岡は高崎市箕郷町、綿貫は高崎市綿貫町である。衆とみえるのは、その地域の土豪たちであろう。長野氏の勢力圏は榛名南麓〜東麓の高崎市北部域で、綿貫だけがそこから外れている。綿貫を除き、これが箕輪領の領域であろう。なお、「幕注文」では一族・有力被官以外に、高田・和田・倉賀野・依田・羽尾ら周辺の武士たちがみえるが、彼らは長野氏の同盟者であって、同心・被官ではない。

厩橋・大胡にも長野氏一族がいた。厩橋(高井郷)・大胡(大胡郷)は本来の長野氏の所領とは考えられず、山内家から給付されたものであろう。なお、厩橋長野氏が長野惣領とする見方もある。

長野一族は、結城合戦には上州一揆として参陣し、永正元年（一五〇四）の武蔵立川原合戦で孫六郎房業《ふさなり》が討ち死にを遂げ（「松陰私語」）、憲寛・憲政の争いでは憲寛側につき、河越合戦では業政の子吉業が出陣して疵を負って死んだ（「長野氏系図」）。長野氏も山内家に従って犠牲を払い続けてきたのである。

歴代当主の側近を務めた倉賀野氏

倉賀野氏は鎌倉時代には幕府御家人であったが、南北朝期以降、その動向はみえない。応永二十三年（一四一六）に起こった上杉禅秀《ぜんしゅう》の乱では禅秀方に加わっており（「湘山星移集」）、その後、山内家に従ったのであろう。

文明の頃、鑁阿寺は所領の武蔵国戸守郷《ともり》（埼玉県比企郡川島町）の件で用水についての相論を抱え、古河公方家に取り成しを依頼した。諸星信幸《のぶゆき》がこの件を扱い、鑁阿寺に送った書状に倉賀野三河守という人物が登場する（群一七五九・一七六〇）。諸星は武蔵守護を兼務していた上杉顕定と交渉を進めるため、三河守と書状を交換していることを伝えている。これより三河守は、顕定の側近であったことがわかる。

永正八年（一五一一）頃に、上杉憲房の奉者として中務少輔がみえる（「御府内備考」続編二）。憲政の奉者としても中務少輔がみえ、加えて天文十五年（一五四六）に河越合戦で三河守が討ち死にしたことは既述した。さらにその後も、中務少輔・与次らが奉者を務めている。倉賀野氏は代々、山内家当主の側近として仕えてきたのである。

倉賀野氏の居城は倉賀野城であるが、縄張図などにみえる同城は、総構を持つ大型の城であり、北条氏・武田氏の下で改修・整備されたものであろう。ただし、享徳の乱期の文明九年（一四七七）頃、顕定が倉賀野に陣を置いたことがみえるので、山内家の拠点として整備されており、そこに倉賀野氏が配置されたともみられる。憲政が没落した後、永禄期に倉賀野左衛門五郎尚行《なおゆき》（直行とも）が登場するが、この人物は、憲政が長尾景虎の援助によって城主として復帰したものとみられる。

永禄十年（一五六七）五月四日、武田信玄は服属した小林監物に二通の宛行状を発給して所領を与えたが、このなかに次の倉賀野一族の旧領が含まれていた（「小林家文書」）。

保美村五十貫文・桜間拾貫文……倉賀野勘解由左衛門尉分

町田屋敷十五貫文……倉賀野左馬助分

重阿弥分三貫文……倉賀野中務持

中務は前出の中務少輔の後継者で、勘解由左衛門尉・左馬介らの関係は不詳であるが、一門の人々である。さらに、永禄十二年八月四日に、武田信玄は和田弥壱郎に「倉賀野治部少輔七百貫文」を与えている（「永山祐三氏所蔵文書」）。弥壱郎に与えられたのは下之城（高崎市）であるが、同所は「和田系図」では「倉賀野之内」とある（『高崎市史』資料編4）。倉賀野治部少輔は、下之城を拠点とする有力な武士であったことがわかる。

そのほか、倉賀野一族として勘解由左衛門尉・左馬助・中務少輔・治部少輔らがみえ、倉賀野以外に平井城の周辺地域にも所領を保持していた。それらは山内家から与えられたものであろう。その後、倉賀野一族の所領は武田氏によって没収され、それが武田氏に従った小林・和田氏らに与えられたとみられる。

なお、前出の武田信玄の宛行状には、倉賀野氏以外にも小林弥十郎・同右馬允・同源三・同主計・同右京進ら小林一族の旧領もみえる。これらの小林一族も山内家に仕え、信玄によって所領を奪われた人々であろう。さらに、鴇田・木辺・惣社・力石らの旧領もみえる。鴇田はほかに史料がなく不詳であるが、木辺は木部氏、惣社は惣社長尾氏、力石も山内家の被官である。

永禄六年五月十日の北条氏康・氏政の連署宛行状にも小林一族がみえる（群二一九七）。これは、北条氏が安保氏に与えた二十数箇所の所領の書上げであるが、「上大塚郷小林右京亮分」・「栗須村富田弥五郎分」・「森郷内小林右馬允分」・「中島村大草分」・「三木村高庄（山ヵ）新七郎分」・「矢場内吉里分」・「中大塚杉分」などがある。これらの地名はすべて高山御厨に属し、ここにも小林右馬允・左京がみえる。小林一族以外に、富田・大草・高山・吉里・杉氏らがみえ、これらも山内家に関わる武士であろう。

山内家に従った北武蔵の国衆

前出の北条氏康・氏政の連署宛行状は、「上州河北根本足利領」と題されているが、それはここがかつて足利長尾氏の所領であったことにより命名されたものである。宛行われた安保晴泰《はるやす》・泰通《やすみち》父子は、かつて足利長尾氏の被官であった。「河北」というのは神流川の北側の意であるが、河南にも足利氏領があったことが想定される。

安保氏は、永享の乱・結城合戦においては上杉憲実に従っていたが、その後一時、古河公方に従っている。天文十二年（一五四三）七月二十三日の安保泰広《やすひろ》（全隆《ぜんりゅう》）置文《おきぶみ》によると、「全隆の事、伯父天叟《てんそう》代官として、上戸合戦の時分、出仕申し候き」とみえる（「安保文書」）。これによると永正元年（一五〇四）頃、安保氏は再び山内家に属したとみられる。「安保氏系図」によると、泰広の子長泰《ながやす》は「河越一戦打死」とみえ、河越合戦に参陣して討ち死にした。なお、後述するが、天文二十一年に泰広（信濃入道）・泰忠《やすただ》（中書）父子は、御嶽山《みたけやま》城（神川町）に籠もって北条氏と戦っている。

この地域の山内家に属す国衆としては、成田氏・深谷上杉氏が有力な存在である。成田氏は明応二年（一四九三）頃、惣社長尾忠景《ただかげ》の三男顕泰《あきやす》が養子に入り、家督となっている。顕の一字は顕定からの偏諱である。天文十四年頃には山内家を離れ、北条氏に従っている。一方、深谷上杉氏は山内家の庶流である。戦国期の動向には不明な点も多いが、成田氏と同様の経過を経て、北条氏に従属した。

「幕注文」でこの付近の武士をみると、成田氏は「武州の衆」として、親類四名と同心六名・家風四名などで構成されている。同心の中には本庄左衛門佐がみえる。本庄氏は、宮内少輔が山内家被官としてみえたが、左衛門佐がその子孫であれば、この段階では成田氏に従っていたことになる。羽生衆の中に深谷上杉氏（深谷御幕）と同族の市田氏（市田御幕）がみえ、また、岡部長門守・藤田氏・猪俣氏らもこの中にみえる。

足利衆の中にも、この地域の武士がみえる。岡部弥三郎・平沢左衛門三郎・安保次郎・毛呂安芸守・本田左馬助・本庄左衛門三良・久下新八郎らであるが、これらの人々はみな、足利長尾氏の家風であった。以前から足利長尾氏に臣従していたと考えられる。本庄・岡部氏らはほかの衆に入っているものもみえ、一族としてまとまっていなかったことがわかる。

和田氏と和田家中

和田郷（高崎市旧市街）の和田氏は、箕輪衆の一員であったが、武田氏が西上野に侵攻すると、永禄五年（一五六二）頃に周囲の武士たちに先駆けて武田氏に従い、北条氏の下では一手役衆になるまで成長を遂げた。その和田氏も、武田氏に従う以前は山内家に忠実に従う武士であった。和田氏に関する基本的な史料に、「和田記」がある。これは、近世に興禅寺の関係者がまとめたもので、年号など細部に誤りも多いが、家内の事柄については信頼できる部分もある。

同記によると、和田氏は相模三浦・和田一族で、建暦三年（一二一三）の和田合戦で敗れた和田一族の八郎義国《よしくに》が上野国に逃れ、赤坂荘に入って上野和田氏となったというが、この話に確証はない。その後、和田信景《のぶかげ》のときに上杉顕定に従ったという。信景の子信業《のぶなり》は河越合戦に従軍し、敗れたとはいえ功莫大であったとある。また、武田氏との碓氷峠の合戦や三寺尾の合戦などにも出陣したという。これらの記事については、基本的な事実に誤謬もあり批判が必要であるが、この間、山内家に忠実に従ってきたのは事実であろう。「和田系図」には、実在が明らかな業繁《なりしげ》は「憲政旗下」であったともある（『高崎市史』資料編４）。

和田氏は、発展の過程で新たに多くの被官を抱え込んだ。「和田記」には、その被官について次の記述がある。

和田御内は武対馬・反町大膳亮…（中略）…この間越州よりこの和田へ故あって来たり、浪若分と成り居られる柴田弥次郎、和田馬乗衆と申しは、新後閑《しごか》左京亮・柴崎の高井佐衛門・横手に住す新井若狭・館の佐藤治部少輔・並榎《なみえ》庄九郎・野付因獄《のつけひとや》・野付治部左衛門・大川原右馬助・堀籠新左衛門・高尾佐渡守・武右近・貝沢丹後守・細谷右衛門・佐藤又兵衛・川端玄番・塚越市作、此の外矢中七騎と云ふは、松本九良兵衛・栗原内記・真下下野・大沢備後・秋山伴殿允・福嶋加兵衛・長嶋因幡、是等の衆中は城外に居住せらる衆なれども（後略）、

これは、永禄九年の上杉謙信の和田城攻めに対して、和田城に籠もった人々を書き上げた部分である。ただし、永禄九年に謙信の和田城攻めがあったとは考えられないが、ここにみえる和田被官については、ある程度確かな伝承などによって書かれたものとみられる。

最初に、「和田御内」として宿老クラスの武対馬・反町大膳亮がみえ、中略部分に武将名が続く。さらに、越後から来て和田氏に仕えた新発田弥次郎、その後に「和田馬乗衆」として十六名がみえ、最後に矢中七騎が挙げられている。「和田御内」は、和田郷に居住する和田氏の譜代の被官たち、続く人々は和田郷外に住む新参の土豪クラスの武士である。これらは「馬乗衆」とあるので、ひとかどの騎乗の武士であり、和田郷外に居住地（城館）を保持していた。

まず、反町氏については「反町氏由緒書」・「反町氏系図」などの史料がある（『高崎市史』資料編4）。反町氏は新田荘反町を苗字の地とするといい、そこから平井城に移住し、その後、武田氏に従ったとみえる。美作守信直《のぶなお》は、数度の勲功によって信玄から美作守の官途と感状を賜り、信の一字も拝領したという。さらに、上中居（高崎市）に居を構えるようになったのは、信玄から当地を与えられたためという。反町氏は武田氏との関係を強調するが、その一方で、信直の姉妹は和田業繁の妻となっており、和田氏とのつながりがうかがえる。反町氏は武田氏に従い、次いで和田氏に仕えたことがわかる。

山内家に仕えていたことはあまり語られていないものの、「反町氏系図」によると、信直の大叔父高義《たかよし》は相模で北条早雲と戦って、永正元年（一五〇四）九月に討ち死にを遂げたという。これが事実であれば、立川原合戦ということになる。その三代前の治吉《はるよし》の姉妹は高山左近の妻とみえる。高山一族との通婚からみると、この段階で西上州（平井）に移っていたと考えられるので、反町氏の移住は南北朝期に遡るであろう。山内家に仕えていた頃は、平井城近辺にいたとみられるので、反町氏は本来、山内家の馬廻衆または近臣であったと考えられる。反町の地名も上中居の字名であり、本来この地域の武士であろう。

馬乗衆は地名が書かれるか、地名を負うので居住地は推測できる。新後閑・柴崎・横手・並榎・野付・貝沢・矢中は高崎市の町名にみえ、館・堀籠・川端なども字名としてみえ、該当地に彼らの屋敷伝承地が残るものもいる。

これらの中で、高井右衛門は高崎市柴崎町が居住地であり、憲政が天王大夫職に補任する文書を下したこともある、雄進《すさのお》神社の神職高井氏である。高井氏と山内家の関係はそれ以上のことはみえないが、山内家の被官化していたとみられる。なお、同氏の館址と伝承される遺構も同地に残っている。

それ以外に直接山内家との関係はわからないが、武田家との関係を示す者は多い。「高崎近郷村々由緒書」によると、綿貫村字堀籠に居住する堀籠大学は、信玄から五十貫文の土地を下し置かれたとみえる。また、寺尾村字館の佐藤氏について、治部少輔が天正八年（一五八〇）に「御書」によって館村で三十五貫余の地を下され、屋敷としたという。この「御書」は、武田氏による宛行を示すものと考えられる。和田家に臣従した馬乗衆の人々は、武田氏に従っていたものが与力として和田氏に付けられ、やがて和田氏の被官となったことがうかがわれる。武田氏に従う以前のことは記していないが、山内家に従っていた可能性が高い。

このほか、片岡郡寺尾郷を名字の地とする寺尾氏がいる。寺尾氏は鎌倉幕府の御家人として活動もみえる武士であるが、南北朝以降、山内家に忠実に従ってきた家であった。南北朝時代の応安期に、次郎左衛門業重《なりしげ》が上杉能憲《よしのり》の側近としてみえる（「頼印大僧正絵詞」）。室町期には、四郎左衛門尉憲《のり》清《きよ》・若狭入道らが伊豆国守護代を務めていた。長尾景春の乱では、寺尾入道らが長尾景信の死後、山内家家宰職を景春の叔父の忠景に据えたことが乱の原因となった（「松陰私語」）。その後は目だった動きはないが、戦国期まで山内家被官として存続していたとみられる。

なお、山内家家宰職に忠景を据えたとき、寺尾入道とともに海野佐渡守も関わったことがみえる（同前）。吾妻荘の武士とみられる海野氏は、この時点で山内家の老臣となっていたが、北上州の武士が家中の有力者となったのは稀有なこととみられる。また、国衆の一族が個別に家臣化することも考えられる。なお、大戸の浦野氏も海野一族であり、佐渡守は大戸氏の可能性もある。

海野氏に関連して、吾妻郡の武士をみておこう。「快元僧都記」には岩下・羽尾・斎藤越前守らがみえた。羽尾氏は「幕注文」に箕輪衆の一員とあり、羽尾領の領主でもあった。その動向は不詳であるが、長野氏と提携していたことがうかがえる。

斎藤越前守は、「幕注文」では岩下衆の内にみえる。岩下衆は同人と山田氏の二人のみで、この後に紙継目があり、一紙が失われて本来もっと多くの武士がいたと考えられる。岩下衆のリーダーは岩下斎藤氏とみられ、少なくとも同氏は漏れている。吾妻郡東部の領として岩櫃（岩下の誤記）領と嶽山（嵩山）領がみえ（戦六一三）、岩下氏が岩下領の領主、斎藤越前守が嶽山領の領主であったと考えられる。

嵩山（中之条町）には嵩山城があり、斎藤一族が武田氏に抵抗を続けた城として知られている。永禄八年二月吉辰の武田信玄願文で、箕輪に加え「惣社・白井・嶽山・尻高等之五邑」の攻略が祈念されており（群二二七〇）、嶽山城に武田氏に抵抗する有力な勢力が存在したことがわかる。前述したように、斎藤一族は名のりに憲の字を入れている者が多い。これは上杉氏当主からの偏諱とみられ、北条氏の吾妻侵攻以前においては、上杉氏に忠実に従っていたことをうかがわせる。

憲政期の山内家の権力

憲政は平井城を居城とするが、平井城が所在する高山御厨をはじめ、それを囲む緑野郡・多胡荘・

甘楽郡東部・群馬郡南部・武蔵北部には、山内家に従う中小の国衆・土豪層が濃密に存在し、山内家の馬廻衆や直属軍となっていた。また、碓氷郡も山内家の支配下にあった。この地域には高山・多比良・長根・天引領などの存在が想定され、山内被官らが領主として配置されていた。史料にはみえないが、これら以外にも比較的規模の小さな領が多く想定され、これが戦国期のこの地域の特徴となっている。

甘楽郡奥部・碓氷荘・長野郷などには、小幡氏・高田氏・安中氏・長野一族らが山内家被官として入部していた。彼らは国衆化して自立を強めていたが、山内家を支える主要な武力であったことに変わりはない。享禄の内訌においては、長野・高田・寺尾・三富氏らと小幡・安中・西氏らの対立が基軸となり、彼らの意向が当主の座を決定した。氏康の平井城攻めの際に「河西衆」と呼ばれたのは、これらの人々であろう。最終場面における彼らの脱落が、山内家の没落を決定的にしたとも考えられる。

東毛・北毛などの周辺地域では、一郡程度の大規模な領が編成されている。有力な国衆が領主として、山内家から相対的に自立して支配していた。沼田氏・尻高氏・斎藤氏・羽尾氏・桐生佐野氏・赤井氏・横瀬氏・那波氏らがその例としてあげられる。ただし、彼らも守護による軍勢催促に従う義務はあった。河越合戦や佐久郡域における武田氏との抗争において、彼らも動員されて戦ったとみられる（「信陽雑誌」）。

憲政の時期には、上野一国と北武蔵が山内家の勢力圏であり、山内家に従う武士も少なかったわけではない。これを基盤に、古河公方勢力との提携によって勢力の挽回を図ろうとしたのが河越合戦であったが、それは成功しなかった。憲政は家督を継承したときは幼児、河越合戦の折には二十歳をわずかに超えた程度の年齢にすぎない。享禄の内訌の後遺症は深く、家中をまとめていくのに荷が重かったことも明らかである。ただし、年少で家督を継承した事例も少ないわけではない。とはいえ北条氏に加え、武田氏とも抗争を展開する二面作戦を行いながら、戦国大名への道を切り開くことは困難であった。

第六章　平井落城と一度目の越後入り

河越合戦以後の情勢

扇谷家の人々は、河越合戦の後、松山城（東松山市）も捨て、山内領内に逃れた。その重臣の一人太田資正《すけまさ》（三楽斎道誉《さんらくさいどうよ》）は、新田荘高林に逃れたという。その結果、松山城は北条氏重臣の垪和《はが》伊予守に接収された。河越合戦直前には、忍城主成田親泰に続き、岩付城主太田全鑑（資顕）も北条氏に従っており、扇谷領国はこれで完全に消滅したのである。

天文十五年（一五四六）九月、太田資正は松山城を乗っ取った。資正は旧松山城主難波田善銀の娘婿であり、その養嗣子でもあったという。資正はさらに、太田全鑑が天文十六年十月に没すると、岩付城に戻って家督を継承した。全鑑は資正の兄にあたり、全鑑には男子がなかったためである。資正は、松山城に善銀の甥にあたる上田朝直《ともなお》を入れ、北条氏に敵対する姿勢を示した。しかし、朝直はまもなく北条方の調略に落ち、岩付城も北条軍の侵攻を受け、資正は同十七年正月に降伏した。さらに、天文十八年以前に、花園城主（寄居町）の藤田泰邦《やすくに》、深谷城主の深谷上杉憲賢《のりかた》も北条氏に従うようになっていた。

扇谷家の滅亡によって、山内領は北条領と接するようになり、北条氏と山内家の最後の決戦が迫っ

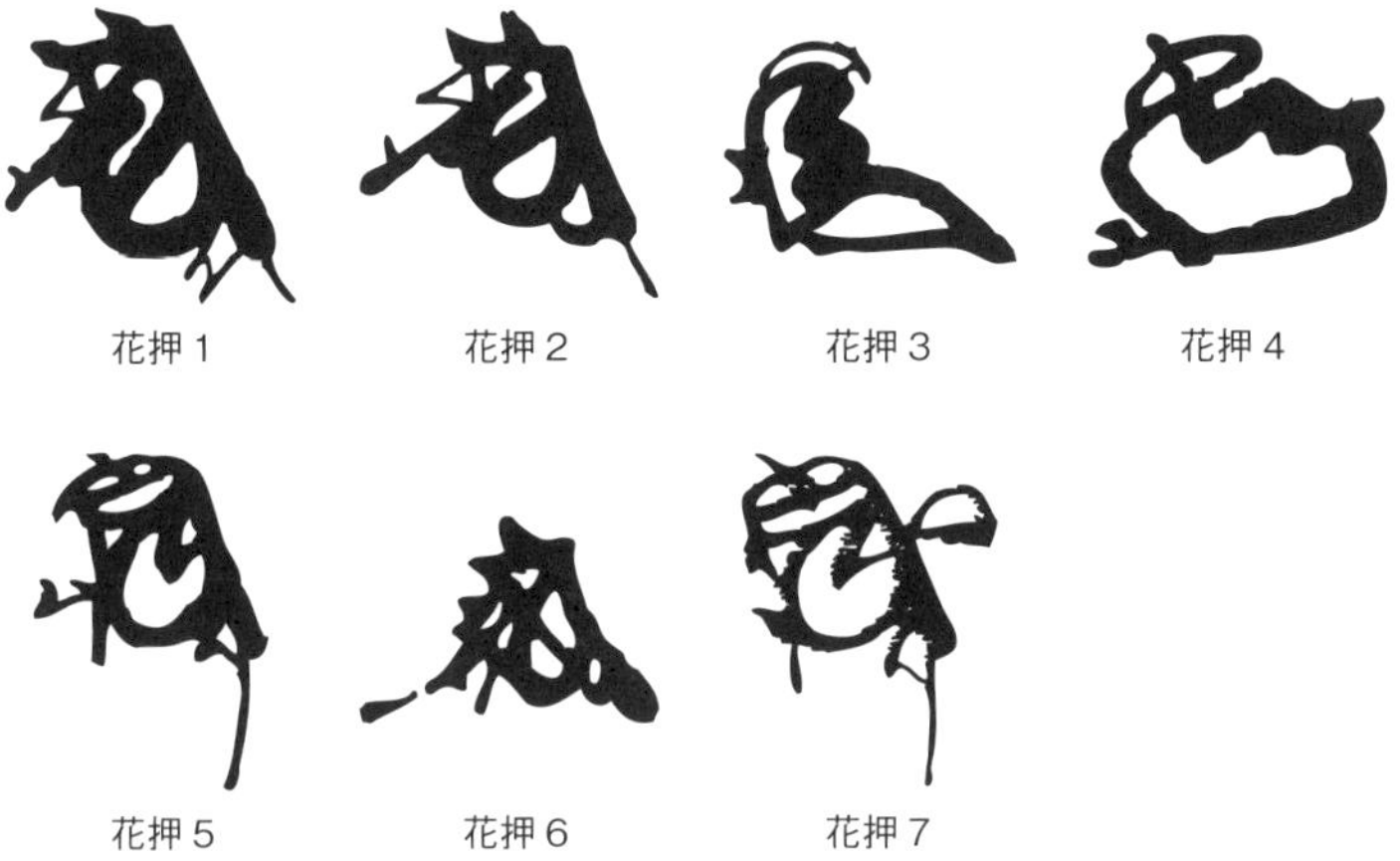

図８　憲政の花押の変遷　黒田基樹「戦国期山内上杉氏文書集」『戦国期山内上杉氏の研究』（2013 年）より転載

ていた。この頃、山内家は北条氏と抗争する一方で、信濃でも武田信玄との対立が続いており、憲政は最大の苦境に立っていた。これを乗り越えるために、憲政には打開策が必要となっていた。

まず、この頃名乗りを憲当《のりまさ》と変えていることが注目される。その初見は天文十五年卯月二十二日の桑木八郎への感状であるが、写であり、文書も問題がある（「関八州古戦録」）。また、同じく写であるが、天文十五年と推測される本庄氏宛ての書状にも憲当とみえ、これは七月五日付である（「古簡雑纂」）。同十六年に入ると、原内匠助に宛てた書状にも憲当とある（「小暮弥太郎氏所蔵文書」）。河越合戦直後に名乗りを変えた様子がうかがえるが、何らかの決意がそうさせたのであろう。

当（當）の字は、尚と田が組み合わさったもので、田と同じ価値を持つものという意味であり、「あたる」・「むかう」という読みもある（なお、煩雑さをさけるため、これ以降も初名の憲政を用いることにする）。

憲政が発給した文書に関わって、もう一つ重要なことに花押《かおう》がある。発給者を特定するため、武将たちは発給した文書に独自の花押を据えた。これを書き判ともいう。憲政は細かく分けると七回にわたって花押を改めたという。花押の変更は立場や心境の変化による。花押1・2はほぼ同形で、変化は少ない。花押3は平井城を逐われ、成悦《じょうえつ》と号した頃から用いられたが、大きく変化したことがわかる。花押4は永禄三年以降、光哲《こうてつ》・光徹《こうてつ》と称した頃に用いられている。これも大きな変化であろう。なお、光徹と称したものに花押5が登場する。晩年には花押6・7が用いられる。特に後半のものは、文書例が少なくいつ変化したかは厳密にはわからない。

天文十六年十二月十四日、憲政は三戸四郎に書状を送り、平柳蔵人佑に対して指南を行うように命じている（「三戸文書」）。三戸氏は相模国三戸（三浦市）の出身ともされ、扇谷家の旧臣であった。扇谷家の滅亡後、山内家が召し抱えたのであろう。なお、この文書では高山図書助が詳細を伝えるとしている。倉賀野三河守が討ち死にした後、彼が憲政の奏者に起用されたのであろう。高山氏は平井城の所在する高山御厨の武士で、「高山系図」によると、図書助は満重《みつしげ》と称している。

越後長尾氏との交流の復活

この頃、憲政は越後の長尾氏との交流を復活させている。九月十一日付の長尾六郎宛の書状で、「若君様御元服の儀、申さる所余義なく候」と伝えている（群一九六二）。その意味は、若君様の元服につ

足利義輝　「集古十種」　当社蔵

いて申されたことに同意するということである。この若君様は古河公方足利晴氏の嫡男で、幼名を幸千代王丸といい、天文十七（一五四八）年に元服して藤氏と名乗った人物である。藤氏の名は、十三代将軍足利義藤《よしふじ》（後に義輝《よしてる》）から一字拝領したもので、それに関東管領であった憲政が関わるのは当然である。憲政は越後の長尾六郎（晴景《はるかげ》）に接触し、幕府との仲介の労を求めたのであろう。

古河公方晴氏は、河越合戦では憲政と協調したが、その配下には北条氏との提携を望む勢力もあった。重臣の簗田高助は、天文八年八月に晴氏の妻として新たに北条氏康の娘（芳春院殿）を迎えさせ、その四年後には梅千代王丸が生まれている。このとき、氏康と高助は互いに見継ぎあうことを約束する起請文を交換している。藤氏の元服は、北条氏が擁する梅千代王丸に対抗する人々にとって、将来古河公方の座を藤氏に継がせるための布石であった。

同日付（九月十一日、天文十七年）で憲政は、初鮭の到来に感謝する書状も送っている（「歴代古案」十一）。これ以前に越後から初鮭が送られてきたのである。この書状では、牧左近将監が奏者を務めると伝えているが、牧氏は白井長尾氏の重臣とみられる。憲政は越後長尾氏との関係を円滑に進めるため、同じ長尾一門を用いたのであろう。

晴景は、かつて顕定・憲房と争った為景の子である。彼は天文五年八月に家督となり、同十一年に父為景が没したことにより長尾家を継いだ。天文十七年十二月に家督を弟景虎に譲っているので、藤氏の元服は最後の仕事になった。越後長尾家・上杉家とも代替わりが進み、互いに協調する機運がつくられていたことになる。

翌天文十八年にも、山内家と越後長尾家の交流を示す史料がある。「上杉家文書」に長尾憲長と景虎が贈答した和歌が収められている（群二〇〇九）。

昨朝の初雪に付て、但州より上様へ参る御詠歌、おなじく御返し、御覧のために、

天地もただ一かたにおさまれる　君かためしや千代の初雪　憲長

御返し、

むかしよりさためし四方に立帰、おさめさかふる千代の初雪　景虎

但馬守憲長は、山内家の重臣の足利長尾氏の当主であり、このとき憲長は越後府中の景虎の許を訪れたことがわかる。憲長は憲政の名代として越後を訪れ、憲政の意向を伝えたのであろう。目的は、年頭の祝詞を伝えるとともに、関東への援助を求めるものであろう。憲長の歌からは、景虎の対応に良好な感触を得た様子がうかがえる。

さらに、六月二十日付の本庄新左衛門尉実乃《さねより》から平子《たいらこ》孫太郎（房政《ふさまさ》）に宛てた書状に、憲政のことが登場する（越一九）。実乃は「関東の　屋形様御音信の儀、御斟酌ニ候つる」と平子に伝えている。憲政を関東の屋形様と呼び、「屋形」の語の上を一字空けるなど、尊敬の態度を示している。同文書では越後国守護である上杉定実《さだざね》も「　屋形様」として同様であるが、景虎に対してはこのような扱い

をしていない。彼らは上杉一門を、長尾一族より上位にみていることは明らかである。なお、本庄実乃は栃尾《とちお》城主で、景虎擁立の最大の功労者であった。

越後の国衆にとって、山内家は依然として主君に当たるとみられていた。例えば、ここにみえる平子氏は武蔵国久良岐《くらき》郡平子郷（横浜市磯子区等）を本貫とする武士である。同氏は上杉氏に従って越後に入部し、稗生《ひう》城（小千谷市）に拠って越後守護家の重臣として活躍した。平子氏は山内家の旧臣でもあり、その関係はこの段階でも継続していたのであろう。

この文書にみえる憲政の音信（書状）について、その内容は、景虎に関東への出兵を期待するものであろう。この時点で景虎に関東への出兵の意向があったかどうかは不詳であるが、本庄は「御出張の儀は、来月十日比の内に、成さるべきの間、御出陣の儀、その御心得簡要」と平子に伝えている。この段階で、景虎は上田長尾政景と対立しており、その越後支配はまだ確立していたとはいえず、これが関東への出陣を指すかどうかはわからない。

七月四日にも、本庄は平子に書状を送っている（越二〇）。この中で「関東御出陣の義、只人に限るべからず候間、御大義ながら用意専用に存じ候」伝えている。とりあえず準備だけはしておいてほしいということで、景虎も憲政への援助の必要性は認識していたことがわかるが、平井落城までそれが実行されることはなかった。

この頃、いつかは不明であるが、憲政は高井氏を天王大夫司職に補任している（群一九九四、五月二十六日付）。このときの憲政の補任状に、力石右重《ちからいしみぎしげ》が副状をつけている。この職はすでに触れたよ

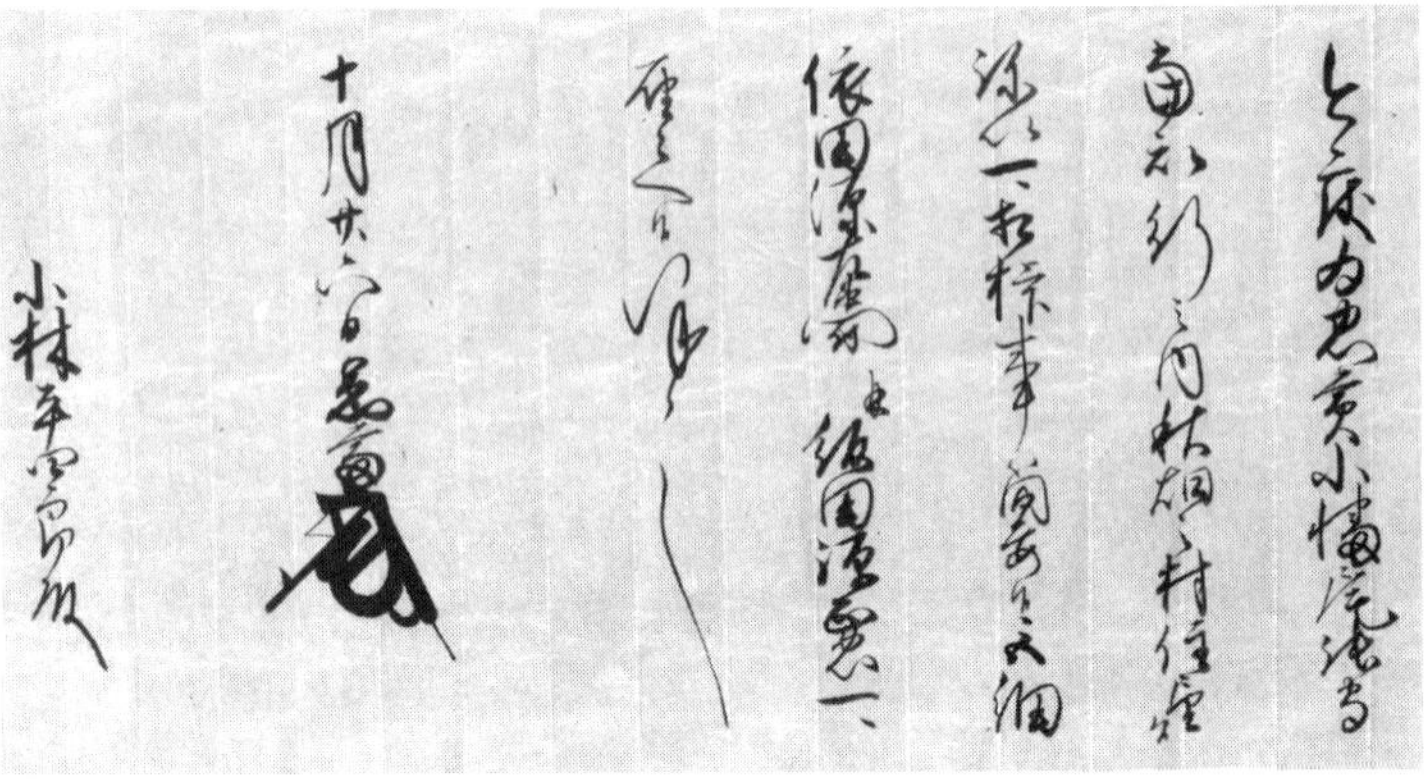

（天文17年）10月26日付小林平四郎宛て上杉憲当書状　「小林家文書」　群馬県立歴史博物館寄託

うに、高崎市柴崎町にある雄進《すさのお》神社の神官職である。同社は俗に天王様と呼ばれ、地域の尊崇を受けてきた。ここは大類郷の内で山内家の直轄領であり、高井氏は上杉被官であったと考えられる。

また、上野府中にあった修験寺院大蔵房の揉め事にも絡んでいる。大蔵房の本山にあたる聖《しょう》護《ご》院《いん》道《どう》増《ぞう》が、「その身の不議《（ママ）》」について赦免を願い出てきたのである（群三三七三～四）。道増の懇願状は、憲政と長尾孝景《たかかげ》に出されている（九月二十八日付）。文書が戻されて「内山文書」にあることから、許されて回送されたのであろう。

小幡氏との抗争

憲政の必死の努力にも関わらず、山内家の落日は迫っていた。このとき、上杉領国の中からも深刻な事態が起こっていた。天文十七年（一五四八）十月二十六日、憲政は小林平四郎に今度の忠節に対する賞として、「小幡尾張守当知行分の内秋畑の村」を望みに任せて与えると伝えた（「小林家文書」)。今度の忠節とは、信濃での武田氏・村上氏との抗争を指すのであろう。憲政は小幡氏の所領を奪い、恩賞として与えたのである。小幡憲重はこれまで武田氏と結びつき、不穏な動きを示していた。このときは北条氏とも結びついていた可能性がある。

これに対して、小幡氏は反撃を開始する。十二月五日付で憲政が平四郎に下した感状によると、敵数多を討ち取り、「心地好く候」と伝えている（同前）。平四郎はこの戦いで疵を負ったが、「養生肝要」との別の書状も下されている。この戦いについて、憲政は「国峰より在所へ動き候の処、出合い」と述べているので、小幡方は国峰城から憲政の在所（平井）へ進むところを平四郎が迎え討つという状況とみられる。平四郎らは憲重の動きを警戒するよう命じられていたのであろう。

東上州でも同様の動きが進められていた可能性がある。「北条記」によると、「成田・由良・白倉以下小田原へ音信シテ降人ニナランコトヲ望ケル」とみえる。成田氏に続いて由良氏も小田原に靡いたというのである。白倉は白倉小幡氏とみられ、国峰小幡氏に続いてその一族にも投降の誘いが行われたのであろう。

由良（横瀬）氏の動きを示すのは、八月二十三日付の太田資正に宛てた北条氏康書状である（「由良文書」）。氏康はこの文書で、松山城への着陣や、証人（人質）のことについてこまごまと述べている。これは密約の条件を述べたものである。さらに、「すでに西上州へ破り入って陣を張っている、河東（利根川の東側、東上州）については諸軍は安心できないのでどうしようか」とも述べている。このとき、西上州に北条軍が入って張陣していたことになるが、小幡氏の国峰城付近に北条軍の一部が入っていたのであろう。そこで氏康は、東上州の調略を進めたかったことになる。

氏康は、資正に「証人の儀は指し越され候様に、申し断り、専一せられ候」と伝えている。これは資正に求めた条件ではなく、資正から第三者に証人を入れることを伝達・説得させようとしたものである。この文書が「由良文書」に残ったことから、その第三者とは横瀬氏で、資正が服属交渉の仲介を進めていたことが明らかになるが、交渉は不成立に終わったとみられるという（黒田基樹①）。横瀬氏が、一時にせよ北条氏への従属を考えたことは事実で、これが東上州の武士たちに与えた影響は大きい。なお、この文書では「本庄取立」の記事があり、これまで上杉領であった本庄領も北条方に奪われ、そこに最前線基地が設けられたことがわかる。

平井落城

こうして、ついに運命の天文二十一年（一五五二）となる。山内家の没落を物語る重要な史料として、甲斐の日蓮宗久遠寺《くおんじ》の身延文庫に「仁王経科註見聞私《にんのうきょうかちゅうけんぶんし》」という聖教《しょうぎょう》が所蔵されている。これは、上野国柳沢寺等学院（榛東村）の住持実然《じつねん》が著したものを、身延山の僧日叙《にちじょ》が筆写したものである。聖教とは宗教関係文書のことで、有力寺院は僧侶の学習のため、このような聖教を多数所蔵していた。

その中に、「急の時、これを書く、故に思い出次第なり」として、日叙が書き込んだ記事がある。このようなものを奥書《おくがき》ともいう。その内容は、このとき彼が見聞きした上野の戦乱の状況であり、戦乱にあえぐ民衆の動向も記述されている。この年の三月二十四日に書き始め、五月三日に終わったともある。日叙はこのとき体験した戦乱のすさまじさを、このような形で書き残さずにはいられなかったのであろう。

それによると、この頃の上武国境地域は、上杉・北条の紛争によって混乱の極みにあった。日叙は満善寺光琳房に居たが、そこから出て利根川の中洲の小島に逃れたという。そこには近在から逃れた数千人の人々が、小屋を作って籠もっていたが、小屋が狭く、経本《きょうほん》を書写する所もないので、立って書写した。隙をみて寺に戻り、また島に帰ったとみえる。

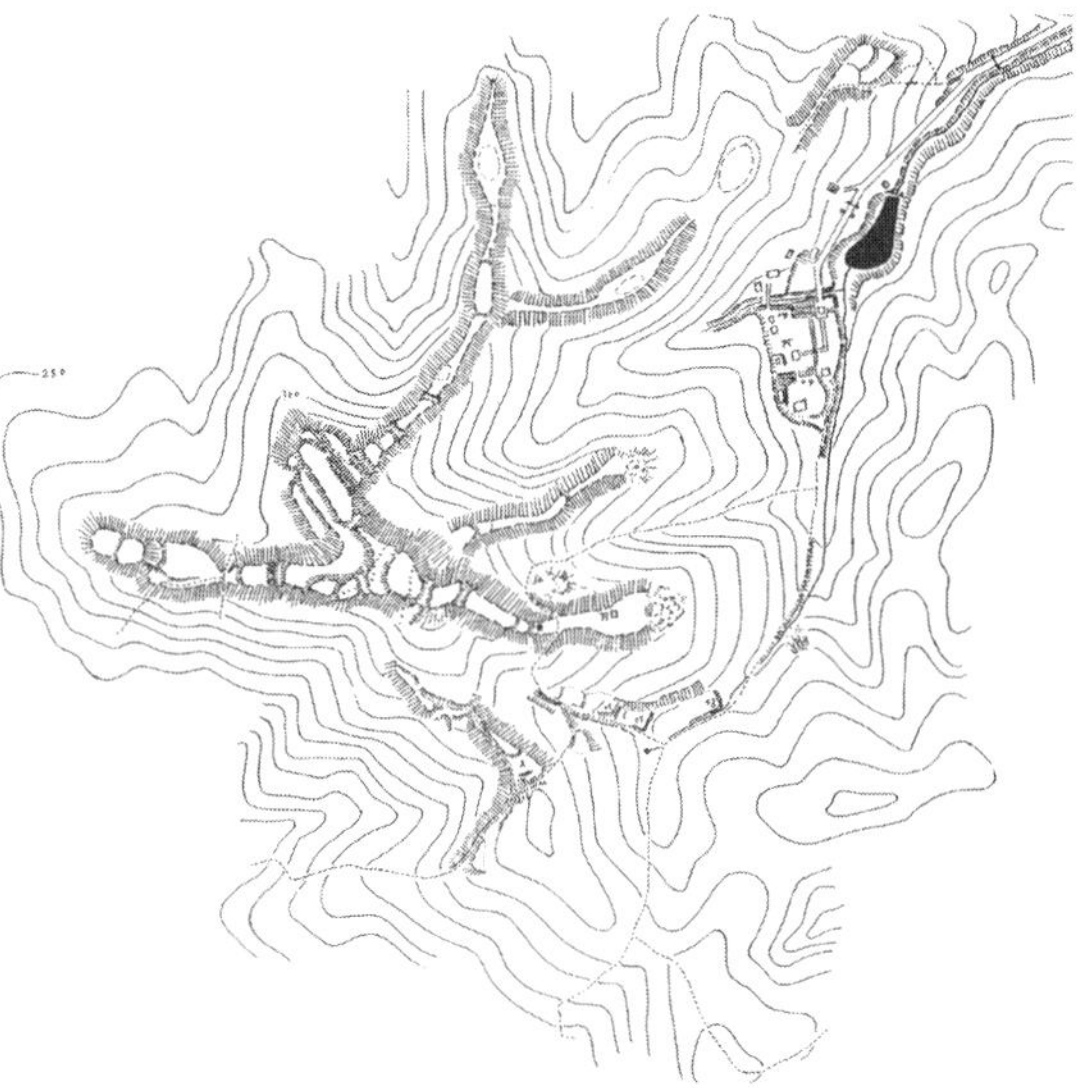
図９　御嶽城縄張図　作図・山崎一氏

氏康は天文二十年の冬頃から北関東に進出し、翌年二月十一日から金鑚山《かなさなやま》の近くの御嶽《みたけ》城（児玉郡神川町）を囲み、十五日に金鑚山を一宇も残さず焼失させた。金鑚山は金鑚大師ともいわれる大光普照寺のことで、寺の南側の山の上に御嶽城がある。なお、この付近の北を斜めに横切って鎌倉街道が通っており、平井に至る。御嶽城は平井城の南側の拠点であり、ここが攻防の焦点となったことがわかる。二月二十六日、足利長尾当長は御嶽城の保持を祈る祈願を鑁阿寺に求め、浄法寺村内で五百疋（五貫文）の所領を寄進している（群二〇一五）。この地域は足利長尾氏の所領で、御嶽城主安保氏も同氏の被官であった。後詰がなければ御嶽城の落城は必至の状況であるが、もはや当長には神仏に頼るほかに方法はなかったのであろう。

御嶽城は三月に入って落城する。城主安保信濃入道泰広・子中務大輔泰忠らは降参して助命されたが、城兵は討ち死にし、雑兵も水の手を塞がれて乾殺しにされたともみえる。これらは噂として広がったものとみられ、事実かどうかはわからない。御嶽城は一ヶ月程度の籠城戦によって自落したのであろう。

三月十四日、北条氏は小幡憲重に今井村（本庄市）の百姓を帰村させ、農作業に取りかかれるよう安全確保を命じている（「鈴木文書」）。今井村は憲重の所領となっていたため、北条氏はこの命令を出したのである。今井村は御嶽城の東北方五キロほどの場所に位置し、このときには戦乱による危険は少なくなっていたのであろう。また、同月二十日には三波川谷北谷にも同様の命令が出されている（群二〇一六）。これは、この地域ではすでに戦後処理に入っていたことを示している。

いつかは明らかではないが、この間に那波刑部大夫宗俊が北条方についたことが明らかになったという。横瀬・足利長尾・佐野・桐生・大胡長野・厩橋長野らがこれを討とうとしたが、まだ一戦も遂げていないところに、河西の衆が一同に北条方について那波氏に合力した。さらに、山内家の馬廻衆も北条方について憲政に刃向かう有り様であった。馬廻衆に裏切られた段階で、憲政はもはや北条氏に抗する手立てを失ったことがわかる。

その後、憲政は味方の国衆の協力に期待し、金山城主横瀬氏・足利両崖山城主長尾氏の許へ向かったが、彼らは城内に入れることさえ拒んだので、憲政は越後の長尾景虎を頼んだという。「これによって専ら彼の国衆出張」とみえる。越後から国衆たちが動員されて来たが、上野国衆の動きはほとんどみえなかったということであろう。これが五月に入る前後の上野の状況であった。

なお、聖教奥書は憲政の子にも触れている。憲政の子は御嶽城に籠もっていたが、北条方に生け捕られ、五月三日に殺されたとの噂があったという。憲政の子は龍若丸というが、「上杉系図」では「天文二十（一）年、於相州一宮、氏康のために誅せらる」とあり、捕らえられて小田原近郊まで送られ、殺害されたのは事実であろう。なお、上杉家では嫡子の幼名に龍の字を用いており、龍若丸は家督予定者であった。

上杉供養墓　群馬県藤岡市・上杉乳母神社

また、地元には龍若の弟の鶴若の伝承がある。鶴若は平井城から出て、郊外の姥懐《うばびとこ》で捕まったが、このときその乳母が殺害され、その供養塔が建てられている。

捕らえられた場所については、別の伝承もある。「北条記」によると、憲政が平井を出て越後に向かって長尾景虎を頼ったとき、龍若は白井に留めていたが、ここで乳母の夫である目方新介と弟の長三郎・九里《くのり》采女正らが、龍若丸を北条方に引き渡して功にしようとしたという。しかし氏康は、敵の大将の子であるので勿論のこと、目方らも主人を裏切ったのは許せないとして、頸を刎ねさせたという。

「上杉家御年譜」（以下「御年譜」）は、この事件を平井で起こったとする。御嶽については噂として流れたもので、白井は平井との混同とみられる。龍若丸は平井に残っていたが、近臣らによって、降伏の代償として北条方に差し出されたのであろう。なお、龍若は小田原近くの一色浜で討たれたとい い、墓と称されるものが小田原市東町の山王小学校近くにある。今も五輪塔が立ち並び、上杉神社の祠が祀られている。なお、「御年譜」は米沢藩上杉家の正史として近世以降に編纂されたもので、信頼できる部分も多い。

この間の憲政の動向については明確ではなく、存在感に乏しい。「龍淵寺年代記」によると、「天文二十一年正月十日、憲政、平井を出る、北州越山」とみえる。正月十日といえば、北条勢はまだ平井までは迫っていない段階である。憲政はこの段階で早々と抵抗を諦めて、平井城から出城したのであろう。その後上野各地を彷徨《さまよ》い、結局越後に入国する。

憲政の最初の越後入り

この頃に越後を治めていたのは、長尾景虎である。景虎は享禄三年（一五三〇）に為景の次男として生まれ、このとき二十二歳であった。幼名虎千代、平三と名のる。なお、永禄四年（一五六一）に上杉憲政から偏諱を受け、政虎《まさとら》と名を改める。さらに、同年中に将軍義輝から一字拝領して輝虎《てるとら》と改名し、元亀二年（一五七一）に入道して謙信《けんしん》と名のる。煩わしさを避けるため、以後、謙信とする。

越後国内の動きを少し遡ると、天文十六年（一五四七）四月、謙信は兄晴景と対立し、これに勝利した結果、家督を握った。ただし、この対立には疑問視する見方もある。翌天文十七年十二月、上杉定実の調停によって晴景の隠居、景虎の家督相続が決まり、景虎は春日山城に移った。天文十九年二月には、上杉定実が後継者のないまま没した。その直後、景虎は将軍義藤によって白傘袋《しろかさぶくろ》・毛氈鞍覆《もうせんくらおおい》の使用を許可されたが、これらのことは、守護クラスの身分の人々に許されたもので、景虎が定実の後継者として処遇されたと考えられている。

この頃、景虎と一族の上田長尾政景《まさかげ》との抗争が続いていた。それにともなって越後国衆も二派に分かれて対立したが、天文二十年八月に入ってようやく和議が調った。景虎は翌二十一年に神余親綱《かなまりちかつな》を上洛させ、五月二十六日に大覚寺義俊《だいかくじぎしゅん》の斡旋で従五位下・弾正少弼の官途を付与された。兄に代わって実権を握った景虎にとって、支配体制を確立するためには、自身の権威を高めることが必要であった。関東において山内家が没落しつつあった時期であったが、景虎は幕府との交渉・任官に忙殺されていた。越後の安定化を優先させたことによって、平井城を救援するという機会を失ったともみられる。

次に、この間の憲政の動きを検討してみよう。憲政が平井城を出た後の動向を示す最初の史料が、五月二十四日付の長尾政景宛の同人書状である（越六二）。この書状で、憲政は初めて成悦と自署し、花押も変えている。平井落城後、いずこかで剃髪して僧形になって、越後に入国したのである。これは領国を奪われた恥辱を雪《そそ》ぎ、その奪還の決意を示すものであろう。

この書状で、「仍って、同名平三、上野へ差し遣わし候使僧、帰り候間、彼の国の様体、いよいよ以て聞き届け候間、越山の義、相急ぐべく候、油断なく用意簡要候」と伝えている。平三は景虎のことで、彼はまだ弾正少弼には任じられていない段階であった。使僧は憲政が派遣したものとみられ、使僧が帰って、上州の状況について景虎は聞き入れているので、政景も越山の支度を急ぐようにとの意であろう。さらに「山中路次の事、申し付けられるべきや」と、通路の安全を求めるなど指示も細かく、結びも「謹言」のみで、家臣扱いになっている。

これによって、憲政は五月二十四日以前に越後に入り、使僧を上野に入れて状況を探り、その結果などを景虎に伝えて協力を求め、政景にも越山の準備を急ぐように伝えた。自らが中心となって越山を企図していたことがうかがえる。

このとき、憲政は越後のどこにいたのであろうか。上州から三国峠・清水峠を越えた南魚沼市域は上田荘域であるが、ここはかつて、山内家の越後における拠点ともいうべき所領であり、上杉家の菩提寺雲洞庵もここにあった。憲政とも交流のある上田長尾氏の拠点でもある。そのため、とりあえずここに腰を落ち着けたのであろう。

軍勢を率いての越後入り

憲政が越後に入ったとき、戦いに敗れた落ち武者というよりは、ある程度の軍勢も率いていたとみられる。米沢上杉藩の記録の中に、「天文年中前管領憲政公越後江御入之時御供」と書かれた史料がある（『高崎市史』資料編4）。タイトルからみて、このとき憲政に従って越後に入国した供の人々を書き上げたものである。ここに二十六名の人名が記されており、長尾・大石ら上杉氏の根本被官をはじめ、倉賀野・安中・小幡・尻高・白倉などの国衆出身や近臣とみられる人々もいる。

まず、長尾一族であるが、左衛門・長門・平太の三名がみえる。左衛門は白井長尾憲景とみられる。惣社長尾家の出身であるが、景誠が享禄二年（一五二九）に死去した後、長野業政の仲介で白井長尾家に入った人物である。平太は惣社長尾景孝の可能性がある。このとき、惣社長尾家では景孝に代わって景総《かげふさ》が家督となったともみられる。白井長尾憲景と惣社長尾景孝は顕景の子で、実の兄弟である。長門については不詳である。

大石氏は長尾氏と並び称された上杉氏の重臣で、武蔵国守護代を排出していた。ここには五郎衛門尉と左京がみえるが、五郎衛門尉は綱資《つなすけ》であろう。綱資の子芳綱《よしつな》・元綱《もとつな》は後に越後上杉氏に仕えている。

小幡一族では、三河という人物がみえる。三河は三河守信尚《のぶひさ》であり、国峰小幡氏とは立場を異にしていた。白倉氏も小幡一族であり、白倉城（甘楽町）の城主であろう。倉賀野氏では左衛門五郎がみえ、後に左衛門五郎尚行《なおゆき》という人物が倉賀野城（高崎市）主としてみえる。安中氏では七郎太郎がみえるが、この人物は長繁《ながしげ》で、このときの安中氏の家督者とみられている。尻高氏は吾妻郡高山村尻高を苗字の地とする一族で、山内家被官として越後上田荘の支配にも関わっていた。

このほか、小倉伊勢・売間養函・佐田六郎左衛門・上山又七・平岡隼人・同神七郎・太田九郎右衛門・壬生刑部丞・江戸彦五郎・河越久太郎・原丹波・田切播磨・内藤治部少・楠川左京・南道閑斎・水無瀬冠者という人々がみえる。このうち、太田・壬生・江戸・河越氏らは関東の地名としてみえる。太田・江戸・河越らは旧扇谷家の家臣であろう。壬生は下野の地名であり、そこの出身の武士で、山内家に仕えたのであろう。楠川氏も下野出身で山内家に仕え、後に謙信に仕えた将綱《まさつな》がみえ、左京はその父であるという。

小倉伊勢は近江佐々木一族で、牢人して山内家に仕え、後に謙信に仕えた小倉伊勢守がみえるが、この人物はその父であるという。この小倉氏に関し、高崎市昭和町の小倉家に、小倉権右衛門信綱《のぶつな》の先祖書が残されている（『平井城史探訪』）。この先祖書は年月日がないが、信綱は十八世紀中葉頃の人物である。小倉家は上杉憲実のときからの上杉氏譜代であり、憲政のときまで奉公してきたが、憲政の越後入りでは将監家房《いえふさ》と嫡子筑後家忠《いえただ》・次男伊勢定景《さだかげ》の三人が御供した。後に御館の乱のとき、憲政に諫言したが御意に適わず牢人となった、とみえる。

原丹波は、前にみた内匠助・長命丸の関係者であろう。内藤治部少に関し、内藤氏は扇谷家の家臣にみえ、その一族と思われる。なお、北条家に仕えた内藤氏もいる。平岡隼人・同神七郎は近習と注記されている。これらの武士は憲政の直臣とみられる。

憲政に従った人々は、上野国衆の当主とその一族も含まれ、山内家馬廻衆を含む直臣・近習などである。憲政の越後入りは落ち武者として流れついたというより、ある程度の手勢を持ち、軍事行動もできるものであったと想定され、憲政は越後でしばらく彼らを休ませた後、上野に出兵するつもりであったとみられる。

挫折した越山

憲政の動きを知るうえで重要な史料が、六月二十日付の平子孫太郎に宛てた吉江木工助茂高《しげたか》書状である（越八二）。この書状で吉江は、「仍って　御屋形様御出陣の事、来る廿日比たるべきの由に候」と述べている。御屋形の文字の上を一字空けして、憲政に対する尊敬の念を込めている。吉江氏は現新潟市南区吉江の武士で、南北朝期に山内家被官として関東で活動していた者もみえ、平子氏とも立場が近かったのであろう。この文書では、出陣の日程が「来る廿日比」と述べている。これは七月二十日頃であるが、憲政が吉江・平子らに出陣を命じ、彼らもこれに応じることを約束していたことになろう。

関連して、七月三日付で平子孫太郎宛に宛てた憲政書状がある（越八七）。この中に次の記述がある。

不思義《ママ》の世上の故、当国へ打ち越し候、然る処、爰元《ここもと》相整え候間、近日上州へ打ち入るべく候、長尾弾正少弼談合ありて、一途に稼ぐべく候、将又祝として太刀一腰并鳥目、書中の如く給ひ候、怡悦《いえつ》候、随ひて太刀一進らせ候、

憲政は思わざる事態によって越後国まで逃れてきたが、当方で然るべく準備を調えたので、近日上

州へ打ち入ると高らかに宣言している。謙信とも話はついているので、一途に励んでもらいたい、平子氏からこれ以前に太刀一腰・鳥目（銭）を献上されて喜ばしい、返礼として太刀を贈るとしている。これをみると、憲政はあくまでも自身が主体となって上野に打ち入ろうとしているようにみえる。

それでは、七月二十日前後に越山はあったのであろうか。そのことを示す史料は皆無である。これに関わるとみられるものに、天文二十一年七月日の弾正少弼（景虎）の名による禁制がある（越九三）。これは、「武州岡部左衛門尉方在所北河辺・矢島之地」に対して、越州軍の「濫妨狼藉」を停止すると書かれている。この禁制の対象となっているのは、北河辺（加須市）と矢島の地である。矢島については、北河辺付近には該当地名がなく、深谷市矢島のことであろう。同所は旧岡部町に属し、岡部氏の在所と考えられる場所である。岡部氏は山内家旧臣で、前章で岡部平次郎が河越城攻めに加わったことをみたが、左衛門尉は平次郎の後身か関係者であろう。

この禁制をもって、直ちに越後勢が武蔵北部に侵攻したとはいえない。岡部氏は、越後勢が武蔵国まで進出する可能性を見越してこの制札を入手したのであり、実際に軍勢が到来したかどうかは不詳というしかない。

さらに、関係史料として、十月二十二日付で庄田定賢《さだかた》に、「関東御合力」のための出陣を慰労する景虎書状、同内容の奉行人三名連署書状がある（越九七・九八）。これが天文二十一年のものであれば、関東への出陣は十月末のこととなる。この場合、十月末という時期は降雪期に近く、これに関わる別の史料もなく、これだけで実際に上野に入ったかどうかはわからない。

七月下旬頃、越後から上野に軍勢が入った可能性は少ない。憲政は謙信の援助を得ながら、自らが中心となって越山するという目論みは実現しなかったとみられる。このときの越山は、憲政の一方的な要請によるもので、謙信が十分な対応を取ったかはわからない。また、謙信は十月になってようやく庄田氏らに出陣を命じたが、自身が出陣したとはみられない。「御年譜」には、このときの憲政の越後入りすら記述にない。憲政の手勢と旧山内家被官の越後の武士を中心とする軍勢が上野に入った可能性はあるが、時期も予定より大幅に延引し、上野中央部まで侵攻するという期待を満たすものではなかったと考えられる。謙信には関東への進出に対する関心は薄く、憲政はあらためて策を練り直す必要が生じたのである。

その後も憲政は、謙信の出陣に期待したとみられるが、思うような成果はなかった。「鎌倉九代後記」には、弘治二年（一五五六）十月三日のこととして、謙信が太田資正と示し合わせて上野に進出し、成田氏もこれに応じたとする記事があるが、これも永禄三年の出来事との混同である。謙信は永禄三年まで関東へ動くことはなかった。憲政にとっても越後国が居心地のよいものではなくなり、いつしか上野に戻ったとみられる。

一方、謙信の側にも事情があった。謙信の越後支配は確立したものの、国衆間の対立は各地で起こっており、謙信はその調停に腐心していたのである。天文二十二年には兄晴景が没した。この頃、信濃では信玄は北信への進出を強め、村上氏との抗争が激化していた。同年八月、村上義清は葛尾城を棄てて越後の謙信の許に逃れ、これを契機に信濃における武田氏との対立が始まることとなった。このとき、川中島で両軍が激突したが、武田氏との対立はこれ以降も続く。さらに、この年謙信は初めて上洛している。また、翌天文二十三年には謙信が隠居を表明し、公事《くじ》が滞る事態が発生している。国内の結束が思うようにいかず、その一方では国外勢力との対立・抗争も厳しさを加えていた。つまり謙信は、憲政の要望を満たすことはできなかったのである。

第七章　憲政と謙信の関係

北条氏による上野掌握

　憲政を逐った北条氏は、上野国の領国化に乗り出した。まず、北条氏康が発給した最初の文書は、安中源左衛門尉に上南雲《かみなぐも》（渋川市赤城町）を与えることを伝えたものである（戦四二三）。十二月十二日付のもので、花押型などから天文二十一年（一五五二）の発給とされている。「度々辛労致さるに付」と述べており、論功行賞として行ったことがうかがえる。安中源左衛門尉は安中氏の庶流の人物であり、後に江戸市谷八幡宮の代官職にも任じられており、北条氏の上野侵攻に寄与したのであろう。

　上南雲は上杉氏の直轄領とみられる。これに関連して、「北条氏所領役帳」という史料がある（『平塚市史』資料編原始・古代・中世）。これは、北条氏領国の所領の支配者を確定し、軍役などの賦課基準にしたものであるが、上野国内では金山図書助が「下栗須　小林土佐分」、太田豊後守が高島郷（寄子給）、垪和又太郎が安保・鬼石・浄法寺本郷・森之内中村郷を所領としている。これらも山内家直轄領や山内被官の所領が没収され、北条氏の被官らに給与されたことを示している。

　天文二十三年十月六日には、一の宮貫前神社神主に朱印状を下した（群二〇三七）。内容は、北条家の裁許である。これによると、長尾源六郎の跡所領であった勢内の村（前橋市東善町）を那波氏が私的に買得したが、源六郎が改易となり、その跡を継承した（所領として宛行われた）人物が返還を要求した。これが北条氏に訴訟として持ち込まれたのである。北条氏はこの土地を当分の間、どちらにも渡さないで一の宮の修理料とする、貫前神社は修理料を那波方から受け取るようにと命じている。このような裁判は、これまで上杉氏が行っていたものであるが、支配者が代わって北条氏がこれを行うことになったのである。北条氏は上杉氏が握っていた守護の権限を継承したのである。

上野の国衆は北条氏に対し、どのように対応したのであろうか。西上州では、小幡氏は平井落城前に北条氏に付いて平井城を攻めた。また、川西衆と呼ばれた国衆も山内家から離反した。安中氏については、弘治二年（一五五六）十一月十六日に、古河公方足利義氏が森孫太郎に対して「安中城衝」において活躍したことを褒め、馬一疋を与えているので、北条氏に敵対して攻略された可能性もある（群二〇五三）。長野氏や惣社長尾氏の動きは不明であるが、上杉方であったとしても簡単には動けない状況下にあった。

これに対し、東上州では那波氏が北条方に付いたことは前にみたが、小泉城主富岡氏も早い段階で北条氏に従った。天文二十一年とみられる氏康書状に（四月十日付）、「当方一味、茂呂方江、前々の如く入魂の由」とみえ、茂呂城主那波氏と提携していたことがうかがえる（群二六五三）。館林城主赤井氏も、富岡氏とほぼ同様な動きをみせている。

これに対し、金山城主横瀬氏は当初の段階では北条氏には付かなかった。天文二十一年九月十一日の氏康書状では、「佐野・新田領、放火すべく候」とみえ、敵対していたのがわかる（群二六五七）。

ところが、天文二十四年に入ると、横瀬氏に足利梅千代王丸（義氏）の書状が下されている。同人は北条氏に擁立され、元服前に古河公方に推戴されていた。梅千代王丸から書状を下されていることからみると、このとき横瀬氏は北条氏による秩序を受け入れ、服属した可能性が高い。足利長尾氏も弘治二～三年の兵乱に際し、小野寺氏を代官として氏康の許に遣わしている。桐生佐野氏も弘治三年頃に「侘言」を述べたので、氏康はそれに任せたという（群二〇六二）。

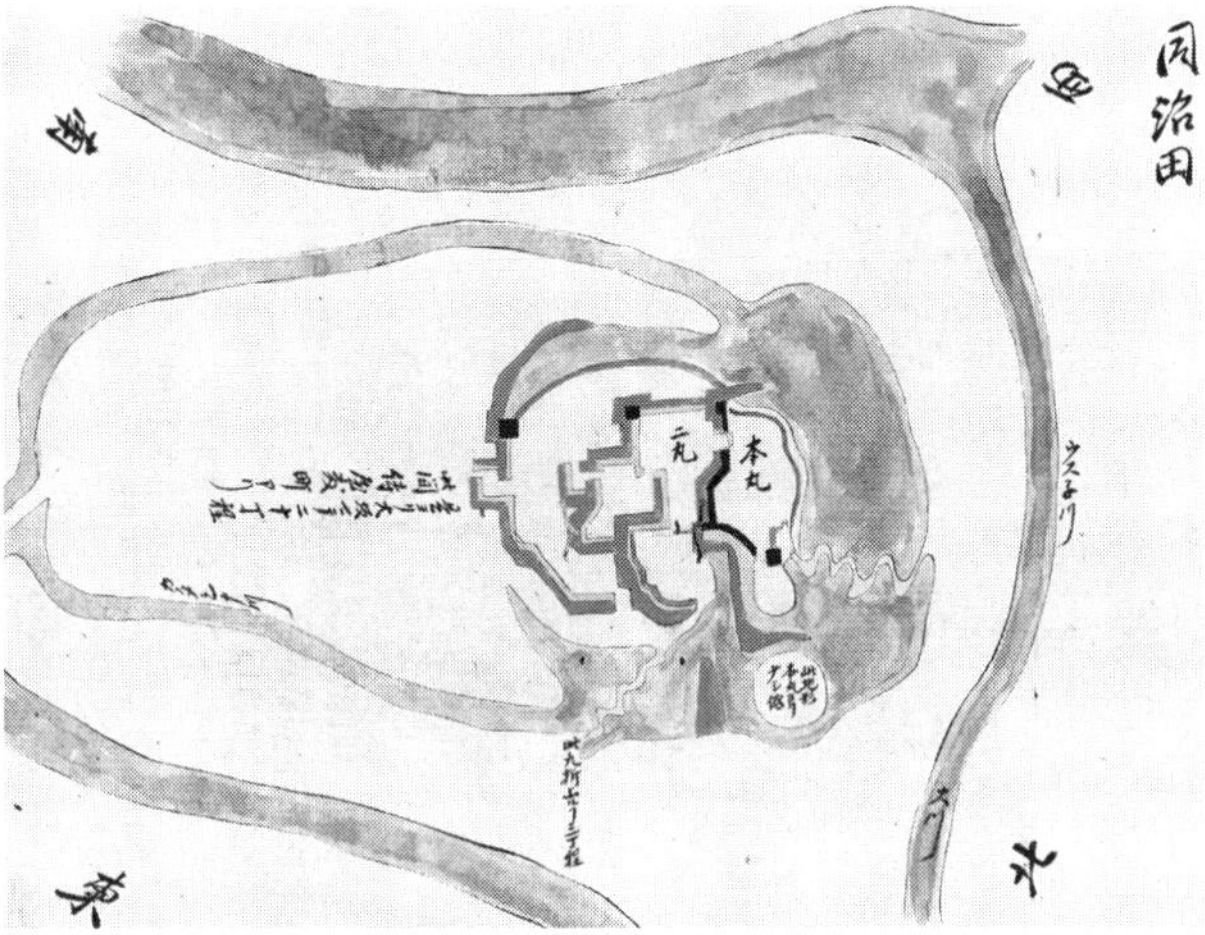

沼田城絵図　当社蔵

　北上州はどうであろうか。実は、氏康が閏六月十八日付で安中越前守重繁に「吾妻谷向い、来る調儀、火急に企つべく候」と述べ、吾妻谷への軍事行動を企図しているので出陣するように命じている（「彦根城博物館所蔵文書」）。閏六月があるのは永禄元年（一五五八）である。永禄二年十月二十三日に、北条氏は岩櫃・嶽山領中が北条領となったことから、百姓の還住を命じているので（戦六一三）、この間に吾妻谷へは安中氏をはじめとする軍勢が入って攻略が行われたことがわかる。次章で詳述するが、沼田にも北条方の力が及んでいる。永禄二年には北条孫次郎が沼田城に入り、しかも彼は沼田孫次郎とも名のっている。また、沼田孫次郎代福島孫七郎という人物もみえる。北条氏は、少なくとも永禄二年までには利根・吾妻に兵を入れ、直接の支配下に置いた可能性が高い。長野氏・白井長尾氏の動向を示す史料はないが、かれらも正面から北条氏に抵抗することは不可能で、この段階で北条氏は上野の守護権を奪い、上野の北条領国化に成功したことがわかる。この頃、憲政も再び越後に入るが、北条氏の侵攻によって、その居所が危機に瀕したこともその動機となったであろう。

越後への再入国

越後に入って上野国への出兵を図ったものの、果たせなかった憲政は、失意のうちに上野国内に戻ったとみられる。実は、憲政の越後入りについて、天文二十一年（一五五二）とは別の年、例えば永禄元年（一五五八）などの年を挙げる史料がある。憲政がそのまま越後にいれば、このような史料はありえない。憲政は再度越後に入ったのである。

まず、「御年譜」をみると、「同（永禄元）年季秋、鎌倉管領上杉五郎憲政越後に来たり、景虎公に依頼し玉ふ」とある。憲政は曽我兵庫介の勧めと、簗田中務少輔の案内によって越後に向かうことを決意したという。これによると、憲政は永禄元年の秋に越後入りをしたことになる。先述したように、同書は天文二十一年のことは全く記していない。「御年譜」は、近世の米沢藩公設記録方が藩の正史として編纂したもので、謙信の部分は元禄頃に成立したという。一般的に記録類は注意深い取り扱いが必要とされるが、同書は藩の正史として、藩内の記録や伝承を精査して作成されたとみられ、記述には何らかの根拠があったとも考えられる。

次に、「佐田《さた》舎人《とねり》覚書《おぼえがき》」という史料がある（「上杉家文書」）。同人が後世に覚書を認めて藩に提出したものであろう。この人物は、前出の天文二十一年の憲政の越後入りに従った佐田六郎左衛門の関係者とみられる。その中に次の記述がある。

一、永録二年かと覚申し候、越後へ　管領様御同心御申し成され候由、承り及び候、

これによると、管領様、つまり憲政が永禄二年に謙信に「同心」したと記されている。その意味は、この年に両者が同心、つまり了解に達したので、憲政の越後入りが実現したと解釈できる。つまり、それ以前には両者の間には共通したものがなく、矛盾や対立が解消されていなかったということになる。ここでは、憲政の越後入りの事情について詳しく触れていないが、同心の結果として入国が実現したとみることができる。これは舎人の過去の記憶であるので、必ずしも真実とはかぎらないが、憲政が越後にきたのは、両者の間でわだかまりが解消した結果であるという思いが反映されている。

次に、「祝儀太刀次第」という史料がある（「上杉家文書」）。この史料は、祝い事があった折の、謙信と武将たちとの間の太刀の贈答を記した注文をまとめたものである。この中に、「範《(憲)》政様関東より、弘治三年（一五五七）八月、越後へ入国なり」という記事がある。この文書は複数の史料を寄せ集めて一つにまとめたもので、永正三年（一五〇六）、永禄二年、永禄三年、永禄四年の部分からなる。

問題の記事は永禄二年の前の所にあり、別人の書き入れとみられるので、誤記入などの可能性がないわけではない。永禄二年の部分には、「屋形様、御上洛、御下向の上、関（管）領に定めなさるについて御祝儀太刀」の文言があり、太刀を献上した武将名が記されている。問題の記事は、このことを説明するために記述されたのであろう。つまり、弘治三年の憲政の越後入国、屋形＝謙信の入洛、管領に就任、祝儀の太刀という流れが記されているのである。

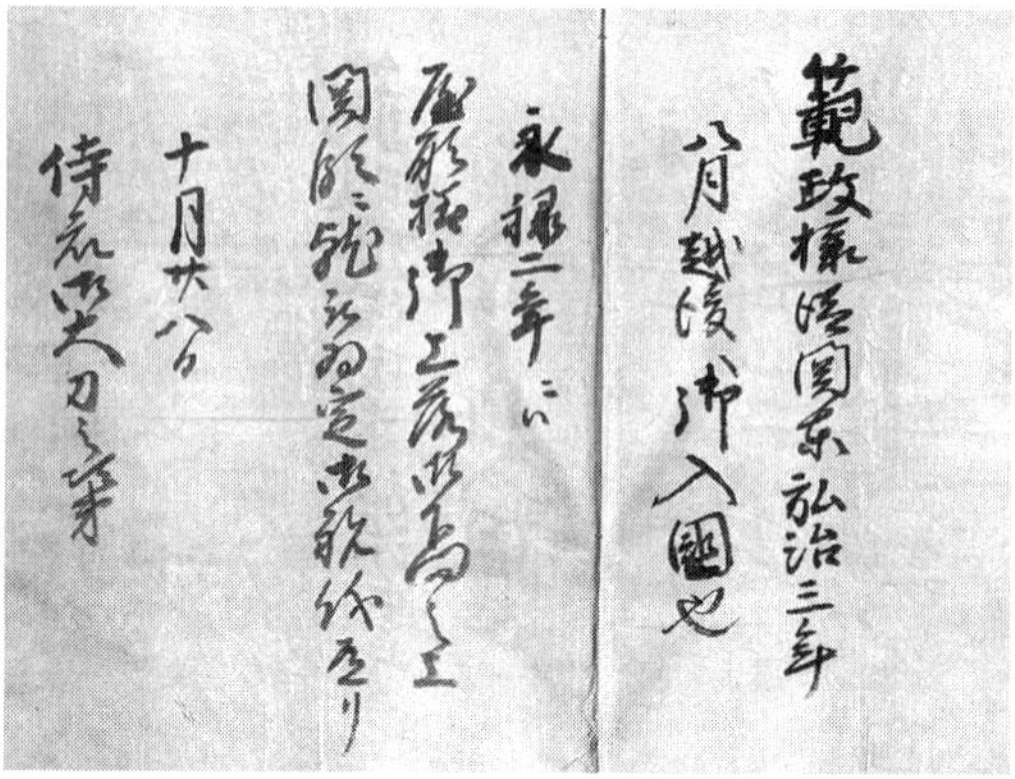

「祝儀太刀次第」中の「範政様関東より、弘治三年八月、越後へ御入国なり」の部分　「上杉家文書」　米沢市上杉博物館蔵

上杉家内で、憲政の越後入りは弘治三年・永禄元年・同二年などとする記憶が存在していたことがわかる。

これに対し、関東の白井長尾氏に関わる「雙林寺伝記」をみてみよう。それには次のように記述されている。

上杉憲政、平井を退きたまひて後、上・越の境に旧臣ども隠し置き奉ると雖も、近日、北条氏康、沼田の荘を手に入れ、北条孫次郎・真田薩摩守、城代たるに依って、御旗を揚げたまふ事叶わずして、永禄元年、簗田中務大輔を以て、越後の長尾景虎を御頼みあり、此の時公方晴氏公も、簗田に御心添えせらる、又上杉の旧臣、白井・箕輪・惣社・太田の面々も管領同意の旨、申し談ず、これに因り、景虎早速御受け有りて、同年八月、

憲政越後へ御入馬、是白井領は越後へ通路自由に成るに依て、是の如く、憲景、忠節をなす、

これによると、憲政の越後入りは永禄元年八月であったことになる。それ以前に憲政は上越国境付近にいたこと、北条氏が沼田まで勢力を広げてきたこと、簗田中務大輔が足利晴氏の支持を受けて交渉したこと、白井長尾・箕輪長野・惣社長尾・太田氏らのもと、山内配下の国衆も越後入りを支持したことなどが記されている。

加えて、『続群書類従』巻第百四十六の「長尾系図」には、「上杉憲政、弘治元年八月十一日、越後国長尾景虎御頼、その上御名字御譲り成られ候事」とみえる。弘治元年は今までの諸説より早く、八月十一日と日付も明確である。さらに「一、上杉憲政公、越後へ御越し成らる次第一巻」があったとも記している。この系図は越後長尾氏の略系図で、綱憲《つなのり》まで記されているので、元禄期に成立したものであろう。

これらの史料では、天文二十一年に憲政が越後に入ったことは忘却したように記さず、それをまるで無視しているかのようである。これは、前回と今回のものが性格の異なったものであったことを示している。前回の越後入りは緊急避難的なもので、景虎も憲政を助け、軍勢を出すことまでは受け入れていたが、それ以上のものではなかった。一方、今回のそれは越後側が憲政の安全を保障し、交渉の結果として、関東管領職と上杉家名の譲渡を受け入れる代わりに、山内家の復活に尽力するとしたものである。

なお、憲政の二度にわたる越後入りに混乱を示している史料もある。例えば、村田清左衛門所持書

物抜書写では、「天文廿年辛亥、憲政様越後へ御越、謙信様へ上杉と管領職譲渡」とある（「上杉家文書」）。天文二十年も二十一年の誤りであるが、上杉名字と関東管領職の譲渡はこのときに合意されたことではありえない。

利根沼田荘に潜伏したという伝承

越後入りの前に、憲政が潜んでいたという伝承が残っている場所がある。群馬県みなかみ町粟沢《あわざわ》は、清水越から外れた奥利根《おくとね》に向かう道側であるが、ここに寺林砦址と寺屋敷という場所がある。寺屋敷には秀翁竜樹《しゅうおうりゅうじゅ》が建てた小庵があったが、天文二十二年（一五五三）に焼失したという。これが、みなかみ町湯原にある宝珠山建明寺の前身であったともいう。寺屋敷の裏山は宝珠山と呼ばれているが、その山頂付近に寺林砦があり、山頂からは利根川の谷がよく見渡せる。烽火台ともみられるという。地元では、ここに憲政がいたと伝承されている。

秀翁竜樹は平井常光寺（光源寺とも）の住持であり、憲政とともにこの地に来た。建明寺は秀翁の法嗣海翁文壽《かいおうもんじゅ》によって永禄元年（一五五八）に現在地に再建されたという。同寺には、憲政の武将姿の坐像が安置されている。これは、ともに逃れてきた秀翁竜樹が、憲政の在りし日の姿を再現したともみられる。像をみると、堂々とした武将姿であり、肉付きがよく、大柄な人物であったことを示す。「加沢記」に、この間の憲政の動向を示す記事がある。それによると、憲政は平井を失った後、沼田弥七郎を頼んで沼田荘（沼田市・みなかみ町）に入った。はじめは高平の雲谷寺にいたという。しかし、沼田氏がそれほど歓待しなかったので、川田の領主山名信濃守義季《よしすえ》が憲政を引き取り、篠尾郷高瀬戸の要害に住まわせた。このとき、在所の地名を屋形原と名付けた。しかし、ここも居づらくなったので、石倉三河守が石倉の館に引き取り、懇切に世話をした。その後、しばらくして憲政は四万《しま》から木の根峠を経て、越後に向かったとある。

木の根峠は旧六合村から野反湖《のぞりこ》の脇を経て、信濃国秋山郷を通過して越後津南に至る路である。古くからの街道であるが、ここを通った理由は明らかではない。

憲政が沼田荘に潜んでいた可能性は大きい。この段階で憲政を受け入れる勢力は、越後の景虎以外には想定できない。越後に入ることを考えれば、そこに最も近い場所に控える必要があり、北条氏の侵攻を考えれば、上野最奥の沼田が選ばれたことは必然であった。

上杉憲政木像　群馬県みなかみ町・建明寺蔵

問題は、沼田氏が憲政を受け入れるかどうかであるが、沼田氏は上野国衆の中でも山内家に対する貢献度は高い。例えば、沼田氏は上野国衆の中で、唯一「上野介」の在国官途世襲を許された家柄である。これは、山内家がそれだけ沼田氏を高く位置付けていたことを示す。「加沢記」には、沼田氏が冷遇したように記述されているが、当初からそうであったわけではない。
沼田氏は相模波多野氏の一族で、利根荘の大友氏とも同族である。大友氏はこの時期には豊後に移り、利根荘も沼田氏の支配下にあった。この頃、沼田氏の家中で一族の骨肉の争いがあり、「加沢記」は、この内紛を永禄十二年（一五六九）に起こったとするが、その他の史料や状況から、それは否定される。沼田氏の内紛は、憲政の越後入りに連動したものであった可能性がある。この頃の沼田氏当主は、勘解由左衛門尉顕泰《あきやす》という人物であった。顕泰の顕の字は、顕定の偏諱である。なお、彼は上野介の官途を許されておらず、弟としてみえる義泰《よしやす》が上野介を称している。これは事情が不詳であるが、山内家と対立した結果であったと考えられる。

事件の細かい推移は、「加沢記」に加え、寛文十二年（一六七二）六月二十六日の長尾権四郎宛て永井権兵衛実平《さねひら》書状、正徳三年（一七一三）八月十三日の天徳寺宛て淵岡武大夫書状などに記されている（山崎一）。これらは後世に記述されたものである以上、すべて正しいとは言えないが、比較検討してみると、次のようになる。

沼田顕泰は数人いた子のうち、まず憲泰《のりやす》に家督を譲ったが、憲泰が親に逆らったため廃嫡し、その弟の弥七郎朝泰《ともやす》を家督に据え直した。これに対し、顕泰の末子平八郎景義《かげよし》を擁立する者たちが川場（川場村）に呼び寄せて朝泰を謀殺してしまった。朝泰を支持する沼田城の人々が川場に押しかけ、顕泰方と合戦になった。沼田側には厩橋長野氏（朝泰の妻の実家）や白井長尾氏らが援軍を出したため、顕泰・景義は会津に落ちたということになる。なお、その後に真田一徳斎（幸綱）が沼田城を手に入れ、弟薩摩を入れたという。

沼田氏の内紛が永禄元年前後に起こったとすると、単なる家督をめぐる争いによって起こったものとは考えられない。この頃は北条氏が上野の制圧に腐心していた時期で、それが背景にあったと考えるべきであろう。朝泰の妻は厩橋長野氏の出である。この時点で厩橋長野氏は北条方となっていた。したがって、朝泰は厩橋長野氏を通じて北条氏と提携する方針を取っていたと考えられる。顕泰・景義がどのような考え方であったかを示す史料はないが、その方針には乗らなかったのであろう。そして、それが骨肉の争いとなったものと思われる。

結局、厩橋長野氏・白井長尾氏の軍勢が入ったため、顕泰・景義は沼田から出奔せざるをえなくなった。そして、北条の勢力が及んだことになったので、憲政にとっても沼田に留まることは危険となった。そのため、この内紛の前後に越後に向かうのは必然の流れである。なお、その後、沼田城には北条一族の孫次郎康元《やすもと》が入り、北条氏が直轄する城となる。

小幡三河守と真田薩摩守

上野では北条氏の領国化が進展したが、この段階で武田氏に付いた武士がみえる。次の文書はそのことを示す（「陽雲寺文書」）。

年頭の祝儀として、太刀并びに肴、到来、目出珍重候、仍って御同名尾州へ、別して申し談じ候上は、同意ありて入魂希む所に候、何様是より使者を以て、申し述ぶべく候条、多説あたはず候、

恐々謹言、

卯月十一日　　　　　　源晴信（花押）

小幡三河守殿

武田信玄（晴信）が、小幡三河守から太刀と肴が到来したことに謝意を示し、小幡尾張守憲重に話をつけ、同意を得て親交することを望むので、使者を派遣すると伝えている。文面からは、憲重とは疎遠な状態にあったことがうかがえる。この文書は晴信と署名があるので、永禄二年（一五五九）二月以前のものである。三河守との交流はこれ以前からあったものの、年頭の祝儀に対する返礼が卯月（四月）になっていることなどからみて、頻繁なものであったとは考えられない。三河守も以前から武田家へ親交していたわけではなさそうである。

三河守は結城合戦のとき、上州一揆ではなく上杉清方の被官に名を連ねている。また、享徳の乱前後に将軍家（義政）より「伊豆・上野両国并びに所々御知行分」について、安堵の御判を与えられていた（群一七四八）。憲政の時代となって、国峰城主小幡憲重は北条氏・武田氏に属して憲政とは対立したが、三河守は山内家に従ってきたとみられる。「関東幕注文」では惣社衆に入って、山内家に従っている。

三河守の子孫は米沢藩に仕え、米沢市立図書館には近世に書かれた系図が残っているという（今井寛之②）。それによると、憲実に仕えた三河守忠勝《ただかつ》、憲忠の執事であった上野介忠安《ただやす》、文明十六年（一四八四）に没した上野介忠宗《ただむね》、憲房に仕えた上野介忠守《ただもり》と続き、その子三河守通家《みちいえ》は憲政に執事として仕え、鷹巣城に居て、享禄三年（一五三〇）に没したという。その子憲重は、実は白井長尾氏から養子に入った人物で、三河守・喜兵衛と名のり、憲政が越後に赴いたときに供奉し、天正十年（一五八二）に没したとみえる。人名など細部については問題もあるが、三河守家が山内家に被官として代々仕えてきたことは信頼できる。

小幡氏歴代の墓　群馬県甘楽町・宝積寺

上野の北条領国化の中で、三河守が武田氏に接近したのはなぜであろうか。山内家の被官であった三河守は、北条氏の侵攻に抵抗し、そのため所領の一部またはすべてを奪われていたことは十分想定される。後者であれば、三河守は浪人して武田家に抱えられ、その所領を与えられていたのかもしれない。あるいは北条氏に従って、所領の一部が安堵されていても不満があったと思われ、これに武田氏が付け入ったとも考えられる。

三河守が鷹巣城を居城としたことは、「御年譜」にもみえる。鷹巣城については下仁田町吉崎、安中市板鼻に該当地名があり、下仁田町に比定する見方が一般的である。ここが本領であった可能性も否定できないが、三河守が武田氏によって宛行われたとみるのが適当であろう。武田・北条は同盟関係にあったが、上野についでは最初から国分協定があったとは考えられない。これまでの武田・上杉の抗争のなかで、上信国境付近の甘楽郡域には武田氏が進出し、実効支配を行っていた。信玄は三河守をここに据えたのであろう。なお、永禄四年段階で国境線を利根川とするが、多胡・緑野二郡は北条領とする国分が成立している。

弘治三年（一五五六）三月、長尾景虎が信濃に出兵した。このとき、上州勢が信濃に出兵している。武田信玄が市川藤若に宛てた書状（六月十六日付）では、「上州衆悉く加勢として当筋へ出張」とみえ、北条左衛門大夫が上田筋へ着陣したともみえる（「謙信公御代御書集」）。この上州衆は、北条氏の配下にあって援軍として遣わされた人々であった。

もう一人、とりあげてみる必要のある人物がいる。それが真田幸綱（幸隆）である。幸綱は天文十五年（一五四七）頃には武田氏に従属しているが、北条氏康からも次の書状を受け取っている（戦四七二）。

その地在城の人数、今度弥五郎方、申し定められ候、別して御加世儀簡要たるべく候、条々布施弾正左衛門尉口上に申し候、恐々謹言、

十月五日　　　　氏康（花押）

真田弾正忠殿

この文書は、氏康の花押型から天文二十三年のものと推定されている。真田弾正忠は幸綱のことであるが、幸綱はいずれかの城に在城し、「御加世の儀簡要」などと伝えられていることから、北条氏に従っていたことがわかる。ただし、どこにどのような形でいたかはわからない。

先述したように、沼田氏が没落した後、真田氏が沼田城に入ったが、事実と考えられるであろうか。真田氏は天正八年に沼田城を奪い、矢沢綱頼が城代となっており、これと取り違えた可能性もあるが、前出の文書があるので、北条氏に従っていたことも否定できない。天文二十三年頃には上野の北条領国化が進み、北条氏によって山内家直轄領に新たな給人が置かれ、城館の整備も進んだとみられる。このような状況下で真田氏も北条氏に従って、いずれかの地に配されたとみられる。

なぜ越山が決定したのか

前述したように、再度の越後入りの前提として、憲政と謙信の間で何らかの合意があったことが考えられる。「景虎公に依頼」（「御年譜」）、「御同心」（佐田舎人覚書）などとみえ、「雙林寺伝記」では憲政の「御頼」だけではなく、簗田氏の依頼・足利晴氏の同意・上野国衆らの同意が伝えられたとみえる。憲政側の依頼、越後側の了解、つまり両者による何らかの合意の結果、憲政の越後入りが確定したことは明らかであろう。

「長尾系図」ではこのとき、名字を譲るということまで書かれている。「御年譜」には、さらに細かくその経過を説明している。まず、簗田が越後に入り、謙信が簗田の話を聞いて、少しも思案に及ばぬうちにこれを受け、新城（御館）を設けて憲政の到着を待ったという。憲政もいくほどなく越府に入った。憲政は謙信のもてなしに感激し、上杉家の系図・京都将軍家数代の御教書・重代の太刀・行平の脇差を譲った。さらに、管領職を譲り、憲政には上州一国、ほかは謙信に属すると述べたという。「御年譜」は、上杉の家名と関東管領職をここで譲ると申し入れたとするのである。ただし、謙信はその器量でないこと、管領職は重職なので将軍家の許可が要ること、また、一度関東に出兵して敵を討ち平らげてからなどと述べて、この時点での受け入れは辞退したとみえる。

これらによると、憲政側が上杉の家名と管領職の譲渡を申し入れ、謙信は幕府の許可と、とりあえず一度の越山の実行を行って、少なくとも上野一国の回復を果たすことにより、これを受け入れたことがうかがえる。

しかし、これは事実であろうか。確かに事態はこのように進んでいったので、謙信側がこのような提起を行ったと思われるが、これでは憲政側のメリットは少ない。ただし、この段階で上野が北条氏の版図となり、本国を喪失していたことも、憲政にとって不利な条件であった。そこで、ある程度あいまいな形で将軍の裁定に委ねることになったのであろう。

もう一つ重要な問題として、古河公方家の問題があった。河越合戦が終わった天文二十一年（一五五二）十二月、古河公方晴氏は北条氏の圧力によって長子藤氏を廃嫡し、北条氏所生の梅千代王丸（義氏）を後継者に据えた。天文二十三年十月、晴氏・藤氏は氏康に抗して古河城に楯籠もったが敗れ、晴氏は相模国波多野に幽閉された。弘治三年、晴氏の古河帰還が実現したが、再び反北条の動きを示したことによって、栗橋城主野田氏のもとに隔離された。

永禄元年（一五五八）四月頃、北条氏康は義氏を古河から北条氏の勢力圏に近い関宿城に移座させようと画策した。このとき、関宿城主は古河公方家宿老の簗田晴助《はるすけ》であった。氏康は晴助と交渉を進め、義氏の関宿移座が実現する。城地を明け渡した晴助は替地を与えられ、古河を望んで移った。これによって義氏はより強く北条氏に取り込まれ、その結果、晴助の政治的地位は低下した。この仕置に晴助が反発し、越後長尾氏の関東進出を働きかける動きに加担したとみられる。安房にいた藤氏と連携していた可能性もある（栗原修②）。晴助が憲政の越後入りに関わったことから、藤氏の擁立などの古河公方家の問題も、越山の条件に加えられたとみられる。

憲政を受け入れた謙信は、永禄二年四月二十日頃、二度目の上洛を果たした。謙信は八月下旬に帰国の途につくまで、将軍義輝や正親町《おおぎまち》天皇・近衛前嗣《さきつぎ》らと面謁し、政治交渉を進めた。その結果、裏《うら》書御免《がきごめん》・塗輿御免《ぬりごしごめん》が認められ、甲越一和を進めることが命じられ、さらに次の御内書が下された。なお、裏書免は文書を包む封紙に苗字・官名と名前を書くのが常であるが、前者を省略してもよいこと、塗輿免は漆を塗った輿の使用が許されることであり、将軍家・管領家に準ずる身分を示すものであった。また、次の文書を見ていただきたい（越一八〇）。

　関東上杉五郎進退の事、向後の儀、景虎分別を以て、異見せしめ、馳走簡要候、猶、晴光申し候なり、

　　六月二十六日　（花押）

　　　長尾弾正少輔とのへ

字義からすれば、「上杉五郎（憲政）の行為について、今後は景虎の分別によってお諫めして仕えるように」ということである。上杉の家名と関東管領職の継承を許すとは書いていないが、憲政に対

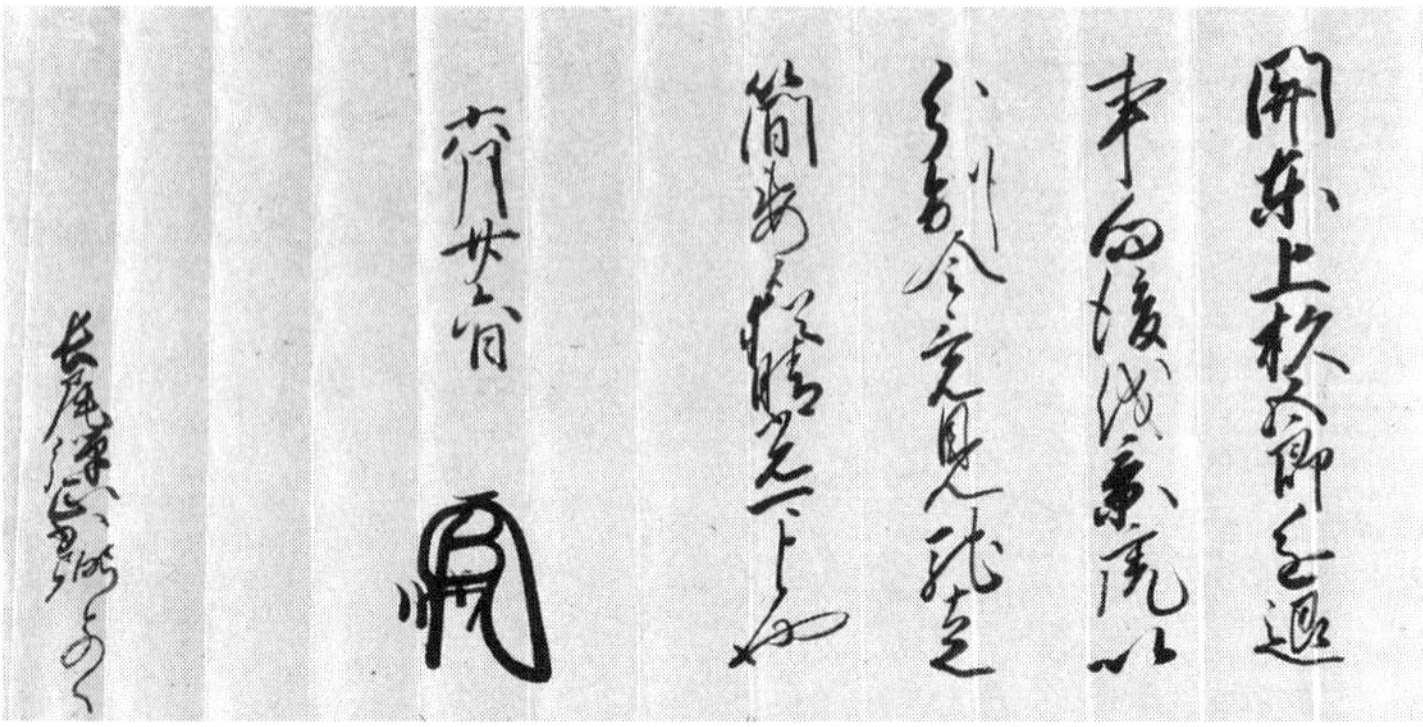

（永禄２年）6月26日付長尾弾正少弼（上杉謙信）宛て足利義輝御内書　「上杉家文書」米沢市上杉博物館蔵

する殺生与奪権を得たに等しいものとみられる。これは、越後で成立した憲政との同心を基礎にして獲得したものであり、憲政もある程度のことは受け入れていたはずである。これを謙信がどのように利用するかは、彼の政治的力量にかかっている。問題は関東出兵の成果如何ということであろう。

上杉名字と関東管領職の譲渡問題について、関連する史料がある。「佐竹家譜」義昭の項に、次のような記述がある。憲政は北条氏との数年にわたる抗争に疲れ、天文二十年に密かに常陸へ罷り越し、かつて上杉と佐竹は「兄弟の誼」があったことから、これらを佐竹氏に譲り、その代わりに軍勢を催して北条を討ってほしいと頼んだ。これに対し、義昭は関東管領職については望むところであるが、上杉の家名は本意ではないと断った。そこで憲政は、越後に鋒先を変えたという（「越佐史料」巻四）。

この話が事実であれば、憲政は越後に行く前に常陸へ赴いたことになる。上杉氏と佐竹氏との関係では、上杉憲定《のりさだ》の次男義憲《よしのり》（義人《よしひと》と改名）が佐竹氏正嫡に入ったことがあった。

古河公方家や簗田氏らは、越後よりも佐竹氏のほうが身近な存在であり、その了解の下で行われたとみられる。佐竹側の体制が整わなかったため、越後はやむをえず選択されたものであった可能性がある。誰にとっても、憲政の受け入れは簡単に応諾できるものではなかったのである。

第八章　越山と小田原攻め

越山の主役は誰か

永禄三年（一五六〇）が明けた。この年三月に謙信はまず越中へ出陣し、四月二十八日に現地から常陸の佐竹義昭《よしあき》に書状を送っている（越二〇五）。それによると、使僧によって関東の状況が伝えられたことを謝し、富山城に続いて増山城（砺波市）を攻め落とすと記し、近日納馬する意向を伝えている。越中在陣中にも関東の武将と積極的に連絡を取り、越山の準備を進めていたことがわかる。八月二十五日、謙信は柿崎景家《かげいえ》・長尾源五らに「在陣留守中掟書」を（越二一一）、蔵田五郎左衛門尉に府中掟を下している（越二一二）。長期の不在が予測されたので、万端の準備を整えさせたのであろう。こうして謙信は、ついに越山の実行に踏み切る。

これに対し、憲政の動きはどうであろうか。憲政は四月二十一日に長尾政景に書状を送っている（群二〇九〇）。日頃の無沙汰《ぶさた》を侘びながら、謙信が越中から帰国した暁には越山が実行される予定であることを伝え、「念願せしむ迄に候」と述べている。憲政はこの間越府の館にいたため、政景との音信は絶えていたが、書状の中で短い言葉で越山にかける思いを伝えたのである。なお、この書状では憲政は光哲《こうてつ》と自署し、花押も変えている。したがって、彼は越後入りが叶ったときか、越山が実現することになったときに、名のりとともに花押も変えたのである。ここにも彼の越山に寄せる強い思いが垣間みえる。

憲政は、関東の武将とも接触していた。六月二日、足利長尾当長が正木氏に書状を送っている（「紀伊国古文書・藩中古文書」）。当長は、路次不自由のためなかなか連絡がつかなかったと侘び、正木氏から房総の情報が伝えられたことを謝し、来る秋に「調義」を行うこと、「万端屋形より申し合され候」と述べている。屋形は当然憲政を指し、憲政からすべてのことを聞かされ、任されていると述べている。当長は山内家家宰の立場にあり、憲政の意向に従って働いていたことがわかる。なお、正木氏は安房の里見氏の重臣である。

当長は、常陸の佐竹氏にも通報している。菊月（九月）十二日に江戸但馬守から当長に宛てた書状がある（「謙信公御書集」二）。これは、当長が出した書状の返書である。江戸但馬守忠通《ただみち》は佐竹氏の配下の武将で、水戸城主であった。つまり、江戸氏を通じて佐竹氏とも連携を進めていたのである。

越山に対して、憲政はどのような立場に立ち、どのような役割を果たしていたのであろうか。その一端が、九月十九日に里見義堯《よしたか》に宛てた同人書状にみえる（同前）。その中で、憲政は先月（八月）に使僧が来たので越後の様子を話して帰らせたことを伝え、「その筋目に任せ、景虎に供せしめ、越山を遂げ候」と述べ、さらに、上野の武士も先忠を再び示すのはこのときである、里見氏も房総方面で早く出陣するようにとも言っている。ここにみえる「筋目」は、上杉・長尾の主従関係ということであろう。憲政は謙信との同心の結果、越山を実現したのであるが、このときは自身がその中心であると考えていたのである。

謙信もそのことは弁《わきま》えていた。十一月二十九日の龍渓寺に宛てた書状では、「今度憲政入国に就いて、供奉せしめ、此の口在陣」と述べている（越二一八）。憲政と呼んで対等のようにもみえるが、「供奉」は御供として従うことであり、「せしめ」は使役ではなくこの場合は謙譲を示す。よって、一応は憲政を上位に置いていることは間違いない。

これに対し、横瀬成繁書状（五月八日、永禄四年）には、「去年九月、官領、御供有りて、景虎越山す」（「神宮文庫三方会合所引留」）とみえ、謙信が主体であったように記している。さらに、北条方では、氏康は「越衆出張」（群二一〇二）、氏照は「北敵出張」（群二一一八）、古河公方足利義氏は「越国凶徒上野乱入」（群二一〇〇）と記して、当然、憲政については問題にしていない。武田信玄も「長尾上野乱入」（「仏厳寺文書」）として、謙信の侵攻と捉えている。

八月下旬、ついに憲政は謙信に率いられた越後軍とともに出陣した。春日山を出立した越後軍は、三国峠を越えて上州に入った。「龍淵寺年代記」には、「八月二十九日、景虎関東出陣」とみえる。「赤城神社年代記」によると、「九月十五日、長尾景虎、憲政を引き立て、沼田倉内え着陣、彼城自落」とみえ、越後軍は沼田城を攻め、同城は九月十五日頃、自ら開城したことがわかる。同記録には、「憲政、九月十五日越山」ともあり、憲政は沼田落城頃に越山したとみえ、遅れて越山したともみられる。これに対し、長尾当長の正木氏に宛てた書状写では、「屋形昨日（九月）五、沼田庄に至り、進発致され候」とあり、九月五日には沼田荘に入っていたとする。憲政と謙信はここまでは同陣していたのである。

この頃の越後軍の活躍の状況を示す史料として、正木時茂《ときしげ》書状写がある（群二一〇四）。この書状は十月二日付で、房総から発信されたことをみると、書かれている内容は九月中旬頃の状況であろう。越後軍が沼田に加え、明間・岩下の城を攻め落としたこと、沼田では北条（沼田）孫次郎をはじめ数百人を討ち捕らえたこと、白井長尾・惣社長尾・箕輪長野氏らが謙信に従ったことなどが記されている。越後軍は沼田城だけではなく、北毛の各地を席巻し、地域の国衆を傘下に加えていたことがわかる。

このうち、岩下城（東吾妻町）は岩下斎藤氏の居城であり、明間城は碓氷郡秋間ではなく、吾妻郡に進出した秋間氏の居城であろう。岩櫃城（同前）の前身であるその部分、あるいはその近辺にあった城砦と想定される。北条孫次郎康元は沼田城主であるが、このときに討ち取られてはいないので、噂として房総まで届いたものを記述したのであろう。

沼田城攻めについては、「雙林寺伝記」にも記されている。それによると、白井長尾憲景・箕輪長野業政・惣社長尾顕方が謙信に内通して沼田城を攻め、これによって城主北条孫次郎・真田薩摩守らは討ち取られた、憲景も数百人を討ち取って謙信の御感を預かり、謙信を白井城に招き、兼光の太刀と馬一疋を献上した、などと記されている。なお、憲景は佐竹氏と通じ、その線から謙信に味方したともいう。

沼田城は攻め落とされたようにみえるが、「赤城神社年代記」には自落ともあった。北条孫次郎（康元）は討ち取られておらず、この後も活動がみられるので、自ら降伏・開城した可能性が高い。そこで、「加沢記」の関連記事が注目される。それによると、謙信が長井坂の要害（渋川市赤城町）に陣取りして沼田城に攻めかかると、沼田万鬼斎顕泰は慈眼寺の僧に岡谷平内・長瀬伊賀守を添えて降伏を申し出た。謙信の許しが出たので、顕泰は長井坂まで出向いてお礼申し上げたとみえる。これによると、謙信が沼田城を攻めたとき、籠もっていたのは沼田孫次郎ではなく、顕泰であったことになる。孫次郎は圧倒的な越後軍を前に、直前に城を放棄して逃亡し、そのため旧城主であった顕泰がこれを奪い取って入城していた可能性が考えられる。

越後軍の進入路

沼田城などを接収した越後軍が次のターゲットとしたのが、厩橋城である。越後軍の厩橋城攻略のことは、前述の永井権四郎書状・淵岡武大夫書状・「赤城神社年代記」永禄三（一五六〇）年条など、在地の史料にみえる（山崎一）。

これらによると、このときの厩橋城主は永野玄忠（長野賢忠）という老武者であったが、謙信軍の旗色をみて、抵抗を断念して降伏したとある。米野の台から攻めたとする史料もあり、赤城西麓を縦断する沼田街道を通ってここに迫ったことがうかがえる。厩橋城攻めは九月下旬から十月にかけて行われ、長野玄忠はまもなく降伏・開城し、伊勢崎陣に子息を出仕させた。

厩橋長野氏は、伊勢崎陣において不慮の事件に遭遇し、没落する。その事件とは、厩橋長野氏の子息や一族の大胡長野氏らが出仕したとき、放れ馬が騒ぎ出したのを越後勢が謀叛と誤解し、伺候した長野一族が全員殺害されたというもので、その日は十二月十四日であったという。さらに、厩橋城に残った玄忠も病没した。厩橋長野氏の没落によって謙信はここを接収し、腹心の河田長親《ながちか》・北条《きたじょう》高広《たかひろ》を城代として置いた。厩橋城は、その後の越後上杉氏の関東進出の拠点となっていったのである。

次に、敵対した武将として那波宗俊《むねとし》がいる。那波氏は、上野国衆の中では最も早い段階から北条氏に従っていた。「御年譜」によると、「那波郡稲荷山・伊勢崎以下の要地を責め落とし、那波讃岐守が楯籠りたる堀江城を取り詰めらる、（中略）讃岐守もこの御威風にこらえられず、防戦に及ばず降人と成りて軍門に出ず」とみえる。「龍淵寺年代記」では、「十二月十二日、奈波落城」とみえる。「赤城神社年代記」には、「同（永禄三年）九月二十六日、赤石要害へ陣を寄せ、御越年有り、彼城十二月七日自落す」とみえる。

稲荷山は、伊勢崎市稲荷町にある通称今村城址であろう。伊勢崎は赤石要害を指す。堀江城については該当する地名はなく、伊勢崎市堀口町にあった通称那波城址の可能性がある。那波氏は稲荷山を落とされ、さらに十二月七日に赤石城を奪われ、最後に那波郡南部にある堀口（那波城）に楯籠もったが、圧倒的な軍勢の到来によって、十二月十二日に降伏したのである。なお、赤石郷は「那波一跡」の一部として横瀬成繁に与えられ、成繁がここに伊勢神宮を寄進し、伊勢崎と改名したともいう。

この間、憲政の動きを示すものとして、三夜沢《みよさわ》（前橋市宮城町）赤城神社の神官奈良原紀伊守に送った判物がある。立願したいことがあるので祈祷を頼み、今後祈願所とする旨を伝えている（群二一〇二）。これは九月二十七日のことで、厩橋城攻略前後のことであろう。憲政も謙信に同行して厩橋まで来たことがうかがえる。

一方、謙信は鑁阿寺に祈祷を命じている。十一月九日の北条高広書状では、「当地在陣御祈念として」の巻数と樽（酒）を謙信宛てに送ってほしいと伝えている（越二一五）。同日に、長尾当長も同趣旨の書状を送っているが、鑁阿寺が足利長尾氏の領内にあったので、仲介の労を取ったのであろう（越二一六）。この中で、この陣に越後勢が次々に到着しており、敵城は程なく落ちると述べている。彼らがいたのは赤石城攻めの陣所で、それを奪取した後、謙信はここに陣を置いた。「御越年有り」ともあるので、ここで越年したとみられる。ただし、「御年譜」では謙信と憲政は共に厩橋で越年したとある。軍勢を集結させ、集まった武将たちを「関東幕注文」に書き上げたのは赤石陣であろう。

永禄三年の越山で、北毛の三城・厩橋・那波以外に落城した可能性がある城がある。「赤城神社年代記」は、北条方の要害で落とされたものとして、沼田・飽間・岩下・高山・倉賀野・小幡・厩橋・大胡・佐貫・松山の十一城を挙げる。沼田・飽間・岩下は、前出の正木時茂書状写にもみえた。

次に、倉賀野城に関しては、九月十五日の時点で、氏政が浦野氏に人質として実子を同城に入れるように求めている（群二七四三）。同城は北条方の拠点の城であったことは明らかで、攻城が行われたのは確実である。ここには後に旧城主の倉賀野尚行が入城する。尚行は越後にいて越後軍とともに上野に入り、倉賀野城を奪い取ったのであろう。

高山は、高山氏の城であろう。「関八州古戦録」などでは、このとき平井城を攻めて奪い取ったなどと記しているが、北条方が平地の平井城に籠もったとは考えられない。「上州古城塁記」などの近世成立の伝承記録に、北条氏は平井城を奪った後、北条幻庵を置いたとみえる。その直後、上野に入った謙信がこれを奪い取り、越山の折にここに拠ったともあるが、この時点での平井城の価値は低く、北条氏や謙信も平井城を保持していたとはみられない。

　高山城は前出の高山館の裏山の上に築かれ、天屋城・南堡城・要害山城・百間築地などから構成される複合的な山城である。平井城の南二キロほどの所に位置し、上杉氏の時代に平井城の防御のため築城されたとも考えられるが、北条氏によってさらに整備されたのであろう。北条氏重臣清水康英の次男である清水正花が残した武功覚書に、景虎軍による城攻めのことが記されている（群三六九四）。それによると、正花は景虎軍の攻撃に対して父とともに抵抗し、百余人を討ち取って追い崩したが、やがて撤退を余儀無くされた。彼らは河越に向かって奈良梨まで退き、ここでも高名をあげたという（竹井英文）。

　小幡は国峰城のことであろう。国峰小幡憲重は武田氏・北条氏に従っており、当然、軍勢が差し向けられたとみられる。それを直接示す史料はないが、後述するように、永禄三年に小幡憲重が一族の小幡図書助や長野業政に逐われて武田氏の許に走ったとされる。国峰城は上杉方が陥れた可能性は高い。大胡は厩橋城を攻めたとき、上杉方が同時に攻め落としたものであろう。

　残るは佐貫（館林）城であるが、本格的な攻城は永禄五年に行われる。こうして謙信は、東上州の館林城（赤井氏）と武田勢力圏の西上州の山間部を残して上野を征服した。まず上野の平定に取りかかったのは、憲政との合意に基づくものであろう。

赤石陣に集結した武将たち

永禄三年（一五六〇）十二月に赤石城を落とした謙信は、ここに陣を置き、味方の武将たちを結集させた。前出の龍渓寺宛ての謙信書状によると、すでにこの段階（十月末）で常陸・下野の武士の参陣が遅れており、龍渓寺に各地に赴いて引き立てるようにと依頼していた。那波城の攻略が十二月末まで伸び、当初の目論見とは大きく異なったのであろう。

那波陣に集結した武将たちは、「関東幕注文」に細かく記載されている。これは、永禄四年正月から三月の間に作成されたと考えられている（池上裕子）。ここに二五〇名以上の関東武士の名がみえるが、どのような人々が結集したのであろうか。

上野……白井衆（長尾氏）・惣社衆（長尾氏）・箕輪衆（長野氏）・厩橋衆（長野氏）・沼田衆（沼田氏）・岩下衆（斎藤氏）・新田衆（横瀬氏）

下野……足利衆（長尾氏）・小山衆（小山氏）・宇都宮・宇都宮寄衆（皆川氏・長沼氏）・桐生衆（佐野氏・桐生佐野氏）

下総……古河衆（簗田氏）・簗田家風

武蔵……成田（成田氏）・羽生衆（広田氏・藤田幕・深谷御幕・市田御幕）・岩付衆（太田氏）・勝沼衆（三田氏）

常陸……宍戸氏・小田氏・筑波氏ら

安房……里見氏・正木氏ら

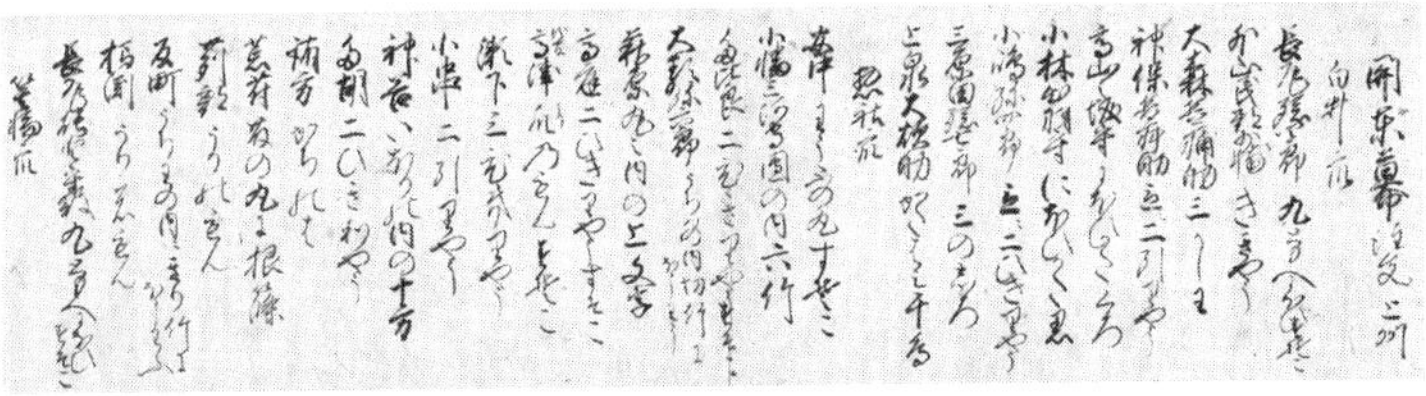

「関東幕注文」の冒頭部分　「上杉家文書」　米沢市上杉博物館蔵

上総……酒井氏・山室氏
下総……高木氏

上野では有力な武将を網羅しているが、数名から二〜三十名の武士が「衆」という単位で結集している。ほかの国でも「衆」単位で参陣している例は多い。沼田・岩下・厩橋衆は謙信によって攻められた結果、降伏して参陣したものである。上野は、謙信としては必ず版図に加えなければならなかった地域であった。その結果、武将たちには厳しい選択が迫られたため、多数の武士が集められた。

下野では足利長尾景長・小山秀綱《ひでつな》に加え、同国では最有力の宇都宮広綱《ひろつな》がみえる。宇都宮氏は皆川氏・長沼氏らの宇都宮寄衆も加えている、桐生衆は、桐生佐野大炊助と本家の佐野昌綱《まさつな》らで構成されている。宇都宮氏に対抗する那須氏はここにはみえない。下総では、簗田晴助と簗田氏に従う人々が結集している。簗田晴助は、今回の謙信越山をお膳立てした人物であり、一族を上げて参陣したのであろう。これに対し、古河公方義氏とその配下となっていた人々（結城・壬生など）の名はみえない。

武蔵では、忍城主成田長泰・羽生城主広田式部大輔（木戸直繁《なおしげ》）・岩付城主太田資正・勝沼城（青梅市）主三田綱秀《つなひで》らがみえる。羽生衆の中に、深谷御幕・

市田御幕らがみえる。深谷御幕は深谷上杉氏盛《うじもり》であり、市田氏はその一族である。市田氏に対しては、十一月十二日付で市田など六ヶ所の知行を安堵する景虎判物が下されている（越二一七）。市田氏に宛行・安堵された所領は、武蔵と相模の所領である。これをみると、武蔵国はこの時点で謙信の管轄下に置かれていたことがうかがえるが、これは憲政との合意によるものであろう。なお、武蔵の人々は旧上杉氏の被官・一族であった人々であり、彼らが上杉方となることによって、松山城・河越城が再び北条方との最前線となった。

常陸では北条氏の勢力が及んでおらず、同国最大の勢力を誇る佐竹氏も、上杉氏に近かったため多くの武士が結集している。ただし、佐竹氏は当時奥州白河に出陣しており、遅れて参陣した。常陸の武将としては、宍戸氏・小田氏・筑波氏をはじめ、菅屋・真壁・多賀谷・水谷らの面々がみえる。さらに、北条氏に対抗する安房の里見義弘《よしひろ》は、正木一族とともに遠路参陣した。上総では酒井氏、下総では高木氏がみえる程度で、この地域では北条方の勢力が強かったことがわかる。

「御年譜」によると、これ以外に会津の葦名盛氏《もりうじ》・白河城主白河結城義親《よしちか》・岩城氏・須賀川城主二階堂氏・三春城主田村氏・二本松畠山氏・伊達氏も家臣を遣わしてきたとみえる。さらに、下野の結城政勝《まさかつ》・那須資胤《すけたね》の名もみえるが、三月二十七日付の謙信書状では、資胤が榎本に着陣したことを知ったと述べているので、那須氏は合戦には間に合わなかったことがわかる（越二六七）。

結集した軍勢は、総勢十一万五千人となったという。「常陸国高岡法雲寺涅槃像縁由」には、「十一国の勢衆二万余騎、歩兵鑓九万九千人、乱妨の雑人その数を知らず」とみえる。「北条記」には九万六千騎とある。いずれにしても、十万人前後の未曾有の大軍となったことが想定される。関東では結城合戦以来の大軍の来襲であろう。これでは北条方も対陣して戦うことは困難である。また、北条氏は同盟する今川・武田に援軍を求め、両氏は軍勢を差し向けている。

「幕注文」には、武将の名とともに家紋が記されている。参陣した武将たちの一覧表であり、家紋を記すことによって、彼らの陣所や行軍における位置を特定するものであった。これを作成したのは誰かという問題があり、これまでは謙信とされているが、検討が必要である。謙信が作成したとする根拠として、惣社長尾能登守・新田岩松一族・小山氏・佐野氏・桐生佐野氏・里見氏らに「殿」の敬称がつけられ、深谷上杉氏やその分流の市田氏には「御幕」とみえることがあげられる。特に惣社長尾氏に敬称をつけたのは、関東長尾氏の嫡流とみられていたからとされる。

軍勢催促・着到受付などは、本来将軍の権限であり、実務は将軍の委任によって守護などが行った。今回は関東の軍勢を集めることになったので、関東管領の権限によるものであろう。そうであれば、この時点では同職はまだ謙信に譲られていないので、作成主体は憲政ということになる。憲政自身が行うことはないので、誰かに委任したとすれば、山内家の家宰の地位にあった者であろう。足利長尾当長などが想定される。

この中に越後の武将が入っていないのは、越後は憲政の管轄外であったからであろう。武将たちは着陣すると、憲政・謙信に面謁を行い、着到状を提出したとみられるが、それによってこの注文が作成されたとみられる。注文が上杉家に残ったことから、謙信の家臣も実務に関わった可能性はある。

小田原城を包囲する

集結した軍勢（上杉軍）は、小田原に向けていつ出陣したのであろうか。二月二十五日付の北条氏照《てる》《うじ》書状では、「北敵出張、既に赤石に至り陣取りの由、聞き候」とあり（群二一一八）、この時点ではまだ陣取りの最中であった。全軍が集結して出陣ということであれば、少なくとも三月初旬以降であろう。二月二十七日の謙信の願文には、「既に武州松山着城に至り、近日相州小田原向かい動をなすべし」とあり（越二五八）、松山城は出陣以前に押さえられていた。

「最勝寺本尊造立願文写」に、「上野沼田城、数日を送り、返三春七日、両上杉を引き立て申し、当国（相模）打ち入る」とみえるので、出陣は三月七日かもしれない（群二一九五）。「御年譜」によると、三月十二日条に、「小田原街道を放火し、稲毛・小杉・小机・権現山・信濃坂・大倉辺の敵の砦を追い落しける、就中諸卒の浪藉を戒め給へば、民屋案の外に堵を安んず、然れども小田原近郊の屋舎は一宇も残らず兵焚す」とみえ、同月十三日条には未明に小田原近くに迫ったとみえる。これによって、上杉軍は五日間程度で小田原城の近くに迫ったとみられるので、上杉軍の主力は鎌倉街道上道を用いて、小田原に向けて一気に進んだと考えられる。

そのルートについて、最初にみえる稲毛は想定できないので、稲城《いなぎ》の誤記であろう。稲城であれば、上道から多摩川右岸を川崎方面へ進む道が考えられる。さらに、小杉（川崎市中原区）・小机城（横浜市港北区）・権現山（横浜市神奈川区）と進んだとみられる。信濃坂は横浜市戸塚区品野町にその地名があり、東海道のルート上である。大倉の地名は小杉近くにもあるが、秦野市にもある。同年三月十四日、北条氏政《うじまさ》は大藤式部丞に、大槻合戦で敵六人を討ち捕らえたことを褒める感状を下している（戦六八一）。大槻は秦野市内であり、上杉軍は小机城・権現山城などを確保しつつ、相模の中央部を横断して、秦野・大井を経て小田原に向かったとみられる。

これに対し、「北条記」によると、上杉の大軍を小田原城から大磯・小磯の細道で迎え討ち、江戸・河越の勢と挟み撃ちにせよなどの評議があったが、氏康が敵は大軍で謙信の指揮に燃えており、相手の血気をそらすのには籠城がよいと述べ、籠城の準備に怠りなかったという。これによると、大磯から国府津《こうづ》・前河・酒匂を経て、小田原に迫る別働隊があったことがわかる。

「北条記」には、五十日に及ばないうちに長陣のうえ兵糧に詰まって撤退したとあるが、実際の帯陣は十日もなかった。氏康と氏政は三月二十四日にそれぞれ大藤一族に忠節を賞する書状を下している（戦六八四・六八七）。また、努田山《ぬた》（南足柄市）・曽我山（小田原市）で合戦があったことがみえる。この日以降地名に山がつくので、これは山城攻めであろう。この直後に上杉軍は撤兵したの戦いは史料にみえないので、この直後に上杉軍は撤兵したとみられる。十日余り程度の期間からみて、上杉軍は陣を敷

小田原城総構えの一部であった蓮上院の土塁跡　神奈川県小田原市

いただけで、城を包囲して、本格的な城攻めを行ったとは考えられない。この間、北条方は兵を城内に籠め置き、まともな相手をしなかったであろう。

この点に関して、年欠の近衛前嗣書状にもその状況がうかがえる（越二七八）。

剰《あまつさ》へ小田原の地、ことくく放火のよし、前代未聞と申すへきやうもこれなき名誉までにて候、然れば馬をたてられ、此の刻あいはたさるべきよし候へど、各断じて異見申すにつき、まず帰陣のよし尤に存じ候、

伝聞で知ったことを前嗣が述べたものであるが、小田原において前代未聞というほどの放火働きを行ったとみえる。また、とりあえず帰陣というのも尤もに存ずると述べている。小田原攻めは形だけのものに終始した。これは初めからの予定の行動であったと思われる。寄せ集めの軍勢では、長期の在陣は不可能であろう。これによって一つのステップを終えた謙信は、もう一つの課題に取りかかるため鎌倉に移動した。

ここで、近衛前嗣という人物が登場する。前嗣は天文五年（一五三六）の生まれで、同二十三年に関白になっている。前嗣は永禄二年の謙信の上洛のとき、将軍義輝との間を取り持った縁で謙信と昵懇の関係になった。前嗣が謙信に和歌を教授し、謙信は隼などを前嗣に贈って親交を深めている。そのなかで、両人の間で政治的密約が結ばれ、前嗣が越後に下向することが約束された。永禄三年九月十八日、前嗣は越後に向かい、十月には越後府内に入ったとみられる。このとき、謙信はすでに関東にいた。前嗣は冬季の越山を避け、翌年六月頃に関東に入ったという。この書状も六月頃に認められ

たものであろう。なお、前嗣はその後前久《さきひさ》と改名するが、前嗣で統一する。

上杉・北条の戦いは、小田原の地以外でも行われている。例えば、河越城は再び両者の争奪の地となった。閏三月四日、今川氏真《うじざね》は小倉内蔵介に「長々籠城辛労候」と述べ、謝意を皆に伝えるようにと述べている（「古今消息集」三）。今川氏は同盟の誼を顕すため、最前線の河越城に小倉氏らを入れていたことになる。内蔵介には氏康・氏政による連名の書状も下されており、それには「旧冬以来、当夏至る」とあり、前年（永禄二年）冬から来援に来ていたことがわかる（戦六九七）。

また、内蔵介は川窪（入間市）で伏兵働きを行って疵を負い、平方（足立区）では敵の備えに馳せ入り、頸一つを取る功を上げ、三月十八日には高麗《こま》郡内で一戦を行ったとみえる（「古今消息集」二）。畑彦十郎にも同様の感状・書状が下されている（戦六九六）。それによると、彦十郎は正月に松山筋で伏兵として参陣したことがみえ、北条氏は太刀と河越荘内網代郷を与えている。

この戦いの背景の一つに、この頃起こった飢饉があるという。前近代社会においては天変地異による飢饉や社会不安がしばしば起こり、戦乱によってそれは増幅された。永禄二年十二月、北条氏康はまだ四十五歳の若さであったのにも関わらず引退し、家督を氏政に譲った。この家督交代の裏には、飢饉による社会的混乱とそれへの対応策があったという（黒田基樹⑦）。

氏康は、この飢饉に十分な対応ができず、逆に社会不安を増幅させた。そこで身を引き、氏政に政権維持を委ねた。氏政は家督の座につくと、永禄三年二月〜四月に次々に徳政令を出して、債務の破棄を認めた。これによって人々が北条氏から離反するのを食い止めたのであろう。このような社会不安に十分な対応ができなければ、他国からの侵略を防ぐことは難しかったのかもしれない。

甲斐国の史料「妙法寺記」によると、永禄三年条には「此の年六月十三日より雨降り始め、来る十月まで降り続き候間、耕作以下何もこれなく候、去る程に己未《つちのとひつじ》の年（永禄二年）の疫病流行、悉く人多く死ぬ事、無限に候」とみえる。

これは甲斐一国のことではなく、東国の社会を覆っていた出来事とみられ、越後でも同様であろう。上杉氏も永禄四年三月十一日に、上田荘・妻有荘・藪神に前年の水損《すいそん》に対応する徳政を命じている（越二六四）。戦国の戦争は、このような飢饉に対する救恤策であるともいう。つまり、金銭・米穀の略奪、人身拘引・売買の利得を目的に、他国へ侵略したのである。上杉軍の戦いについて、前出の「願文写」では、神社・仏閣・大伽藍・小寺庵・山家・村里までことごとく焼き払っただけでなく、僧俗の男女から身ぐるみを脱がせて衣類を剥ぎ取り、糠一粒残さず奪い取った。その結果、寒さと飢えで多くは死んだとみえる。ここからは、徹底的な略奪が行われたことがわかる。そのために十日ほどを要し、それが済んで撤兵したということであろう。

謙信に関東管領職を譲る

鎌倉の妙本寺は、永禄四年（一五六一）二月日の日付で上杉家の朱印状による制札を得ている（「妙本寺文書」）。これには「関越諸軍勢の濫妨狼藉停止」とある。上杉軍の出陣以前に、鎌倉への進出を見越してこれを得たのである。一方、北条康成が三月四日に鶴岡八幡宮に制札を出しているので、この時点で鎌倉はまだ北条氏の支配下にあった可能性が高い（戦六七二）。ところが、三月九日になると、興禅寺は里見義弘の制札を得ているので、里見氏の軍勢が鎌倉へ侵攻するとみられていたのであろう。これ以降に里見軍などが鎌倉に侵入したとすれば、小田原攻めとほぼ同時にここにも軍勢が入って押さえたとみられる。

憲政と謙信は小田原から鎌倉に移り、鶴岡八幡宮に詣でた。ここで、憲政は謙信に上杉の家名と関東管領職を譲ったことになっている。しかし、このことは検討の余地がありそうである。

「御年譜」は、次のように説明する。小田原攻めによって謙信に恩を感じた憲政が、これに報いるため、上杉の名字と関東管領職を譲ることを諸将に諮ったところ、皆これに同心した。これに対し、謙信は自身はその器量ではない、将軍の許しも得ていないとして、これを固辞した。諸将は固辞の意向に理解は示したが、今の状況ではその道しかないので承知してほしいと、百余人が列居して懇願したという。こうして謙信は、諸将の懇願を容れる形で鶴岡八幡宮へ社参したとする。

「北条記」では、社参はしたが、関東管領職のほうは永禄五年五月に上洛し、将軍義輝から任じられたとする。このとき、輝の一字も拝領したとしている。さらに、「北条記」は社参の折に起こった一つの事件を詳述する。

まず、謙信は拝賀の儀礼について前例を尋ね、それに従って社参したが、ここで事件が起こる。成田長泰が惣門にいたところ、謙信が管領に対する礼の作法が無礼であると怒り、扇で長泰の額を打ち、はずみで烏帽子を打ち落とした。長泰は宿に帰り、「吾代々上杉家の旧臣なれば、此の人先主なれば指したる恩もなきに、最前に参りぬ、然るに諸人の見る所にて、いやしくも五百余騎の大将を扇にて打ちたまう物かな、此の人は仁義をも知らず、片皮やぶりの猪なり」と述べ、忍に帰還した。上杉譜代の人々は「誠にあらけなき大将かな、中々旧臣とも云わぬさたのかぎりのしかた哉」とつぶやき、みな居城に帰ってしまった。

「あらけなし」は乱暴で無礼であるの意で、「なし」は程度がはなはだしいことを示す接尾語である。武将たちの脱落が続くなか、謙信ももはやこれまでと上州に向かった。長泰の無礼というのは、謙信に対して前もって下馬して敬意を示すのを怠ったというものであるが、成田家では昔から事前に下馬して礼をするという家例はなかったという(「異本小田原記」)。

「御年譜」は、諸将の願いと期待があって関東管領職を譲りうけたとするが、「北条記」では、長泰のように謙信を主君として立てているものの、心底では不信感を抱いている武士もいた様子がみえる。「御年譜」と「北条記」の評価はまるで逆である。どちらが事実であったかはわからないが、謙信の家名継承に対して、上杉家の旧臣の中に複雑な思いがあったのかもしれない。

ただし、「御年譜」にも矛盾がある。同書永禄五年十二月条には関東管領職の補任の記事があり、それによると、同月に将軍家の上使として大館藤安《ふじやす》が越後に遣わされ、謙信を関東管領職に補任し、将軍義輝の一字を与え、輝虎と名のらせたとみえる。この説明として、永禄二年の謙信の上洛のとき、この職を授けるという沙汰があったが、謙信は辞退した。翌年の小田原攻めのとき、憲政や関東の武将が謙信に譲ると決めたが、このときも謙信は自身の判断で断った。しかし、これは上意を蔑ろにするもので、小田原攻めも行われたこともあり、憲政の病気が平癒するときにこれを請けると答えたので、この結果となったという。

将軍家から使者が派遣されて、謙信の正式な関東管領職補任が実現したことは事実であろう。ただし、「御年譜」のいう永禄五年十二月と断定はできない。実際の発給文書をみると、謙信が輝虎と自署するのは永禄五年の初め頃からである。したがって、将軍家の使者が来越したのは永禄四年末とみられる。六月二日、将軍足利義輝は「東国に出陣せしむに至り、則ち本意に属すの由、その聞こえ候、珍重候」と謙信に伝えた（越二七六）。これは、謙信が小田原攻めを行った結果を上申した返事で、永禄四年のことである。謙信から小田原攻めの報告があり、それによって義輝は、懸案についての最終判断を行い、上使派遣の手続きとなったのであろう。

上杉謙信肖像　米沢市上杉博物館蔵

この流れは確実な文書にもみられる。前項でみた近衛前嗣書状では、「氏あらためられ候事、珍重に候、殊に藤氏の事に候へば、我等まで大慶候」・

「名のり・氏あらため然るべき」と述べている（越二七八）。謙信が氏を改め、名のりを改めたというのは、憲政の養子となり、その一字をうけて政虎と改めたことを意味している。長尾氏は平姓であるが、上杉氏は藤原姓である。近衛前嗣も藤原氏なので、「大慶候」と述べたのである。これによって謙信が政虎と名を改めたことは周知の事実である。

一方、関東管領職については次のように述べている。

同心の由、近頃く珍重《ちんちょう》候、さらに斟酌あるべき事にて候はず候、ことに去々年在京の折節、知恩寺を以てこれを進らし候つる人樹御自筆の文、我等に対せられ候文言に候うえ、まして関東八州の職の事、公儀成し下し候時は、如何としてとかく巨難あるへき事に候哉、たといその儀なく候とも、理運にて候、

「同心」とは、鎌倉において武将たちが謙信の上杉家督継承などに同意したことを指す。謙信を支えた前嗣すら、上杉家督に関して被官・国衆の同心が必要であると認識していたのは興味深いことである。そして、同心があった以上、斟酌《しんしゃく》（辞退すること）は必要ない、さらに去々年（永禄二年）の謙信上洛の際、大樹《たいじゅ》（将軍義輝）からもそれを認める文書が出ているので全く問題にならない、と前嗣は結論付けている。最後に「関東八州の職の事」として、関東管領職に触れているが、こちらのほうは仮定のこととして述べ、何事も「理運」であると述べている。この段階で上杉氏の名跡を継承するのは問題ないが、関東管領職について、謙信は条件を満たせば後継者としてそれを継ぐことは必然であるということであろう。

これまで、路頭にまよった憲政を謙信が温かく迎え入れて庇護し、鎌倉の鶴岡八幡宮ですんなりと関東管領職に就いたように思われている。それ以前から実質的に当職を代行していたとも見られているが、いくつかの段階があり、紆余曲折があったと考えられる。

例えば、正式に同職に補任されるまで、謙信の地位は何であったのか。永禄四年閏三月十六日、謙信は早速政虎の名を用いて、簗田晴助に起請文を送っている（越二七二）。この起請文は「古河様御家督」について、晴助と談合してゆくことを盟約したものである。北条色の強い義氏の跡に、藤氏をともに擁立するということである。この中で「今度憲当名跡、何等与奪の事、悉皆御執り成し、御懇意、謝り盡し難く候、彼の名代職の義、寔に皆斟酌千万候、各頻りに而、御意見の間、先ず以てその意に任せ候、これに依って条々誓詞を預かり候、本望候」と記している。

「憲当名跡」が与えられたのは、すべて晴助の取り成しによるものとして感謝の意を表す一方、「名代職」については斟酌したが、各々の意見に任せ、誓詞を預かったと述べている。この場合、斟酌は辞退するという意味であり、謙信は何度も辞退したものの、周囲の要請によって「名代職」を引き受けたことになる。新公方の擁立はその延長線上にある。謙信は鶴岡において「名代職」となったのである。名代である以上、前任者の存在を前提にしている。

永禄七年八月四日の将軍義輝の側近大館晴光《はるみつ》に宛てた書状にも、同様のことが記されている。この書状は、将軍家から北条氏との和睦を命じられたことに対する返答であるが、これまで北条氏との間に激しく干戈《かんか》を交えてきたことを縷々述べて、和睦に対する躊躇の思いを滲ませている。憲政との関係については、次のように述べている（越四二九）。

憲政事、病者に渡り候間、名代職の事、愚拙に与奪有るべきの由、諸家一揆、同心を以て、領掌然るべきの段、頻りに懇望候と云ひ、不相応の義と云ひ、若輩、就中　上意を経奉らず、私の納得を以て、叶うべからざる段、数日これを申すと雖も、八幡宮神前、各々詰め有りて強いて催促す、……名跡の事、深く斟酌しと雖も、幸ひ走廻致すの上は、憲政煩ひ本復の間、預旗を罷るべきの由、返答せしむ、

これによると、憲政が病者になったため名代職を与えられたのであって、本復したら「預旗を罷る」、つまり辞退するということであろう。幕府に対する説明は、これまでのものとニュアンスが異なり、憲政が病にある間名代であったということであろう。憲政も小田原攻め前後に病に罹っていたとみられる。

第九章　夢破れ、上野から越後へ

在陣中に病を得た謙信

謙信は、鎌倉から永禄四年（一五六一）閏三月中に厩橋に帰陣し、六月頃まで上野のいずれかにいたようであるが、具体的な動向は明らかではない。

卯月十三日付の小山田信有宛の武田信玄書状に、「爰元無為、但し長尾弾正草津湯治、警固候に哉、上州衆倉賀野前後在陣の由に候、もしくは不慮の行《てだて》候歟」とある（「諸家文書」）。信玄は、謙信が草津温泉で湯治を行っているが、不慮の作戦を行うかもしれないと述べ、注意を怠らないよう命じている。草津には倉賀野氏らの上州衆も在陣しているので、憲政もこの間、謙信と行を共にしていたかもしれない。なお、小山田信有は武田氏から北条氏へ援軍として送られていた人物で、謙信らの動きを警戒していたのであろう。

これに関連して、四月十六日付で謙信は、沼田入道に「湯治に就き、音問として樽・肴これを給ひ候、賞翫他事なく候、養生相当候間、近日湯を出べく候」と伝えて、沼田入道（万喜斎）から樽と肴が届けられたことを謝しているので、湯治は事実である（越二七三）。ただし、この文書の「事書」によると、「同年四月、上州表御在陣に就いて、同国伊香保御入湯に依って、同州沼田万喜斎入道、樽・肴を捧げる故、これを謝され、御返簡を給う」とみえ、伊香保《いかほ》に入湯したとする。この文書は「謙信公御代御書集」四（東京大学文学部所蔵）にあり、後代に編まれたもので、そのとき伊香保とされたのであろう。武田方の情報を重視すれば、草津の可能性が高い。伊香保の場合、地理的に信玄が「不慮の行」を懸念することはないだろう。

さらに、六月十日付の近衛前嗣書状をみると、前嗣は尚々書《なおなおがき》で「その方の様態承りたく候て、重ねて飛脚を以て申し候、御煩い申し候て候や」と述べている（越二七七）。前嗣は謙信が病に罹っていることを案じていることがわかる。さらに、「ふくちう（腹中）いかゝ候や、これのミあんし申し候、うけたまハりたく候、猶々御ゆたんなく、御やうしやう（養生）かんようにて候」とも述べているので、腹の病であろう。沼田入道への書状では、近日湯を出るとあったが、養生は六月まで続いたことをみると、かなり重篤化していたとみられる。

前章でみたように、憲政も出陣中に病気に罹っていた。鶴岡八幡宮社参の頃であったので、発症は閏三月中旬以前である。これに加え、前嗣の書状の後半に「ミのわ（箕輪）ハわつらい候よし申候」とみえ、「箕輪」は長野業政を指し、業政もこの頃病床に伏していたことがわかる。なお、業政はこの病によって六月二十一日に没した可能性がある（「長純寺木像背銘」）。さらに、「雙林寺伝記」によると、白井長尾憲景もこの頃煩っている。憲景は小田原攻めのとき「脳病」であったため、嫡子憲春《のりはる》を名代として参陣させ、武功を上げさせた。その後、鶴岡の社参の際には「弓箭ノ役」を果したという。したがって、このときは治癒していたことがわかる。「脳病」は神経症なども考えられるが、高熱や極度の衰弱による意識障害を示し、憲景の病も一時死の渕をさ迷うほどのものであった。

以上、憲景は三月中旬頃の小田原攻めの時期、憲政は翌閏三月の鶴岡社参の頃、その後、謙信・業政が煩い、謙信は上州帰還後六月頃まで静養を要し、業政は死に至ったことがうかがえる。これはたまたま順番に病になったというものではあるまい。消化器系のウィルス性の感染症が、上杉陣中に蔓延していたことが想定される。

ちなみに彼らの年齢をみると、業政が最も高く五十代後半、憲景は永正八年生まれで五十歳、憲政は大永三年生まれとすると三十八歳、謙信は享禄三年生まれで三十一歳であった。高齢の業政が最も重篤化して死に至ったのである。なお、「赤城神社年代記」にも「陣厄病流行て、敵味方とも多死」とみえ、兵卒の間にも病気が蔓延していたことがうかがえる。陣厄病と記しているが、これはウィルス性の感染症であろう。このときの小田原攻めが短期間に終わった理由として、感染症の流行が上杉方に打撃を与えたことも想定される。

近衛前嗣はこの頃関東に入り、謙信に書状を送った六月十日には厩橋城にいたとみられる。前嗣は、当地を太田源五郎（氏資《うじすけ》）が発ったが、不審に思ったので新発田重家《しげいえ》に聞いたところ、それは謙信からの命であることを北条高広から聞いたと述べている。また、成田氏や箕輪長野氏が人質として実城《みじょう》の番をしていることなども記している。腹心の北条高広が謙信の側近にいて、その命を厩橋にいた家臣らに伝えていたことがうかがえる。

卯月二十七日、謙信の意を受けて直江実綱《さねつな》・河田長親が越後府内の留守役の蔵田五郎左衛門尉に書状を送っている（越二七四）。謙信のために太刀や鞍をはじめ、文台・筆台・短冊箱などを送るように求めており、府内の用心・御蔵の用心などを伝えている。また、五月一日には宝生《ほうしょう》・金剛などによる能の興行が行われることも伝えている。病も快方に向かったのであろうか、六月二日には謙信自身が蔵田に書状を出している（越二七五）。この中で、謙信は「しんそう」という人物を早く寄越すように求めるとともに、「国衆なげかれ候間、兎角にみはなしかたく候」などと述べている。

「御年譜」によると、六月二十一日に謙信は越後に戻ったという。ようやく病が癒えたのであろう。その後、九月十日に信州へ出陣して、武田信玄と川中島合戦を行う。このとき前嗣の供であった照光院道澄・知恩寺岌州に加え、憲政も同道したとみえる。ただし、このことについて証明する確実な史料はない。

信玄・氏康との争い

近衛前嗣は、厩橋から簗田晴助の居城となっていた古河に移ったとみられる。この頃、義氏に代わる公方として推戴された藤氏も古河に入り、古河が反北条の拠点となっていたのである。藤氏は晴氏の長子で、当初は古河公方の後継者に予定されていたが、義氏が生まれたため、その地位を奪われていた。これによって再び二人の公方が並び立つことになった。義氏は北条氏によって擁立されて関宿城にいたが、古河と関宿の間は十数キロ程度の距離である。

藤氏は、謙信の小田原攻めと呼応した形で関宿城を攻めた。義氏は六月二十八日に「去年以来の籠城であるが、日々油断なく相稼ぐように」と豊前氏らに伝えたが、長期の籠城で疲弊している様子がうかがえる（「豊前氏古文書抄」）。前嗣の来訪によって藤氏方の士気もさらに高まり、関宿城は七月には降伏・開城する。義氏は下総小金から佐貫へ移座し、こちらでも反北条方が勝利した。

謙信が越後に去ると、北条方の反撃が始まった。鶴岡八幡宮で謙信から辱めをうけた成田長泰は、すぐに北条方に付いた。長泰は羽生領の領有を望んでいたが、それが謙信によって認められなかったことも原因の一部とみられている。そうであれば、長泰は心には不満を抱きながら、鶴岡参詣の場にいたことになる。なお、これに関し、長泰の子若王丸と家老豊嶋美作守が人質として厩橋城にいたが、長泰の離反を聞いて同城から脱出を図ったという話もある。美作守は成功したものの、若王丸は利根川に入って死んだという（「鎌倉九代後記」）。成田氏に続いて小金城（松戸市）の高木氏、騎西城（加須市）の小田氏、深谷城主の上杉氏、桐生城主の桐生佐野氏、佐野城の佐野氏らも北条方となってしまった。

周辺の国衆の離反が続くなか、古河城にも危機が訪れる。前嗣は十月五日に北条軍が松山に張陣したことを謙信に伝え、川中島合戦直後にも関わらず、越山を求めている（越二九〇）。これによって謙信は、十一月の初めに第二回目の越山を実行し、沼田城から厩橋城に入った。

永禄四年（一五六一）の冬、北関東において信玄・氏政に加え、謙信の三雄が戦場でまみえた。氏康は十月に松山城を攻め、十一月二十八日に生山《なまのやま》（児玉町）で越国勢と戦ってこれを追い崩した。松山城攻めには、信玄も甲相同盟の誼から氏康と同陣している。このとき金鑿を使って城を崩そうとしたが、成功しなかったという。その後、西上州に転戦し、十一月中旬までに西牧（下仁田町）・高田（富岡市）・諏訪城（安中市）を攻め取り、続いて国峰城を奪い取って小幡憲重を復帰させた。さらに、信玄・氏康は、十二月初旬には同陣して倉賀野城を攻撃しているが、同城はこのときは落ちなかった。武田・北条の同時侵攻によって、上杉方は前年とは攻守逆転の状態で、苦境に立たされていた。

十二月九日、謙信は厩橋城から古河にいた長尾満景《みつかげ》に書状を送っている（越二九七）。この書状で謙信は、公方様（藤氏）の身柄については簗田晴助に任せてあるが、そのことは味方の人々によくよく伝えてほしい、翌日（十日）には佐野に向かい、そのときには公方様に拝謁するつもりであると満景に告げている。しかし、当所にも信玄・氏康が迫っているが、防備を固めてそれを押さえているとも述べており、佐野への出陣はできなかった。

この書状の冒頭に、「上意の段、御余儀なく候」とみえる。この「上意」を憲政の意向とみて、憲政が古河にいたとみる説がある（「輝虎公記」）。しかし、この「上意」を憲政とする決め手はなく、前嗣の可能性もあろう。上意という言葉から見れば、関白であった前嗣のほうが適当とも思われる。前嗣は十二月吉日付で簗田に起請文を送りつけている（越三〇四）。その内容は、晴助父子との関係をこれからも重視するので佞人を近づけないこと、ほかから謀略が持ち込まれても、同心せずに当方に秘密にしないこと、「満南」という人物を召し返すことなどである。また、前嗣は横瀬成繁にも書状を送り、「当城の事、誠に苦労候」と述べている（越二九八）。前嗣と晴助の間には何らかの齟齬が生じ、前嗣の不満が蓄積していたようにみえる。横瀬に書状を送ったのは、与同者を増やすためでもあろう。

翌年に入って信玄・氏康が撤退すると、謙信は館林城に向かい、これを二月十七日までに攻め落とした（越三一〇）。赤井氏は城を退去し、城地は足利長尾景長《かげなが》に与えられた。二月二十七日、謙信は越後の蔵田五郎左衛門尉に書状を遣わし、「ちやうい（上意）の御事、こゝもとへひつとり（引取）候」と伝えている（越三〇九）。これにより、謙信は館林から古河に進み、前嗣を手元に引き取ったことがうかがえる。

三月十四日の北条氏照書状によると、「近衛殿、厩橋へ引き取り申し候事、如何なる仕合をなし候哉」とあり、北条側は前嗣の動きを不審視している（群二一六二）。前嗣の目的は、早期に関東の安定を得ることによって謙信の上洛を実現させ、その力を背景に、自らが中心となって足利幕府を再生させることであった。古河からの撤退は古河公方との関わりを絶つことになり、自らの影響力を薄めることになるので、前嗣にとっては不本意な結果となったと思われる。なお、藤氏も八月頃までに古河から安房の里見氏の庇護下に移っている。

謙信は、古河から厩橋城に戻った。四月二日の乙千代（北条氏邦《うじくに》）書状には、「憲政・景虎、越国へ必定帰り候由、承り候」とみえる（群二一六四）。これによれば、憲政と謙信は越後に帰ったという噂が流れていたようである。前嗣もこの前後に越後に戻り、永禄六年三月に帰洛したという。これは、前年に将軍より帰洛を求める御書が来たためという（「御年譜」）。

実は、憲政が古河に向かった可能性を示す史料がある。

管領様、こがに御出陣の時も、謙信様、馬を寄せられ候時も、下馬成され、御対陣の由候、敵に

御座候へども、うやまい御申し候由、豊前守度々申す事候、

憲政に近侍した佐田舎人覚書の一節である（群二〇九八）。これはどのような脈絡で述べられているかわからないが、憲政が古河に出陣したと記録されている。とりあえず、憲政が古河に向けて出陣した様子はうかがえ、謙信が前嗣を引き取りに古河へ向かったときのことを指す可能性がある。

松山城将に取り立てられた憲政の養子憲勝

憲政は永禄三年（一五六〇）の越山、永禄四年の越山において、謙信と行を共にした。一時、古河にも赴いた可能性がある。憲政としては、謙信の力を借りて関東の秩序を取り戻すことが最終目標であり、そのためには謙信と共に行動する必要があった。謙信としては、将軍との誓約によって始めた越山で、簡単に手を引くわけにはいかず、これに成功しなければ自身の地位さえ崩れかねないものと考えていたと思われる。謙信は上杉氏の出ではない以上、権威を保つためには憲政の身柄を旗印として保持する必要があった。そう考えると、越後への移動は謙信から申し出されたことであろう。

ところで、これに関わる問題がある。上杉の家名と関東管領職を謙信に差し出した代償は、「御年譜」のいうように、上野一国の回復であったと考えられる。それは一応達成され、憲政の旧領なども復活したのであろう。これをいかに確保するかが、憲政の課題であったと考えられる。そこで憲政には、憲勝《のりかつ》という養子がいたことが浮かびあがる。

「上杉系図」によると、憲勝は扇谷上杉朝寧《ともやす》の子としてみえる。朝寧は相模七沢城（厚木市）を継

図10　松山城縄張図　作図・山崎一氏

承し、七沢氏を称していた。朝良の死後、家督となった朝興も朝寧の子である。そうであれば、憲勝は朝興の兄弟となるが、朝興は天文六年に五十歳で没している。憲勝が朝興と兄弟というのは年齢的に齟齬があり、朝興の子で祖父の朝寧の名跡を継いだ可能性が考えられる（黒田基樹①）。

七沢氏は北条氏の侵攻によって所領を喪失するが、その結果、憲政が憲勝を庇護して養子としたという流れが想定される。憲勝の憲の一字は、憲政から継承したことは明らかである。実子を失った段階で、この人物が憲政の後継者となったのであろう。そうであれば、彼が上野国を継承し、場合によれば関東管領職に就くことも考えられないわけではない。その意味では、謙信のライバルになりうる人物であった。

憲勝は、松山城の城将に取り立てられた。「上

太田資正（三楽斎）「義烈百人一首」当社蔵

杉系図」には、憲勝は「松山城籠城人」とあり、「北条記」では、松山城に入った憲勝に対し、太田資正は北条が同城を囲んだ場合は、里見氏とともに後詰をして救援すると確約したという。同城は謙信の小田原攻めのとき、太田資正が奪い取っていたものである。ただし、憲勝は資正の意向というより、謙信の指示でここに入ったとみられる。憲勝を大将に「上州名誉の勢兵、籠りければ」とあり、松山城は上杉方とすれば、武蔵の確保のための橋頭堡であった。ここに上州の兵が入ったのは、憲政の養子としての立場もあったとみられる。

ところが、松山城は武田氏の援軍も得た北条方の猛攻によって、永禄六年二月四日に落城する（戦八〇五）。このとき、謙信は岩付にいたが、十分な後詰ができなかったのであろう。「北条記」では、信玄の家臣飯富源四郎の説得によって憲勝が開城降伏したとみえる。さらに、このとき謙信が太田資正を呼んで、憲勝のような臆病者を城に入れたことを叱責して手打ちにしようとした。そこで資正は、人質として預かっていた憲勝の子を出したので、謙信はこれを自ら手打ちにしたという。

憲勝は北条氏に引き取られ、武蔵都筑郡小机領（横浜市港北区）内で三百貫の所領を与えられたという。さらに、謙信は厩橋に帰還すると、同城主長尾弾正少弼を、譜代の主人憲勝に加勢せず、松山城を失った咎は許せないとして成敗し、腹心の北条高広を厩橋城代としたという。弾正少弼については謙信の官途と同じで、この話そのものが作られたものと切り捨てることも可能であるが、厩橋城が憲政の拠点でもあり、その家臣らがいたともみられる。

ところが、「御年譜」の記述はこれとは異なる。同書には松山落城が永禄五年とあり、これは明らかな誤りである。城兵を説得したのは山県三郎兵衛で、城兵が憲勝に願い出て開城させたとあり、憲勝はいったん厩橋城に落ちたという。人質となっていた憲勝の子憲重と二郎三郎は殺害せよとの声もあったが、父が弱将であることを教えて資正に委ねたという。松山落城の責任を叱責された資正は、恥をそそぐために騎西城の攻略を進言したともいう。これによると、憲勝は厩橋城に戻ったものの、降伏・開城の責任を取らされ、その後は重用されず、伝手を頼って北条家に仕官したのであろう。このようにみると、憲勝は北条方の猛攻が想定される松山城に行かされ、捨て駒にされて潰されたともみられる。また、その失態は養父である憲政の立場にも関わった可能性もある。

経済的にも厳しかった永禄五年頃の状況

実は、これまでほとんど利用されていない、永禄五年（一五六二）頃と推測されるいくつかの憲政の発給文書がある。これらを読み解いていこう。なお、この時期、憲政は名のりを光徹から光哲に改めている。

まず、正月二十日付で上松弥次郎に宛てた書状がある（「歴代古案」三）。

賀慶の事、旧に候、仍って輝虎書中を以て申し送られ候、そこ元において然るべき様、取合の儀、任せ入り候、随って去年以来、当地に向って張陣、定めて落居程あるべからず候間、簡要候、一義計に扇子これを遣わし候、委曲重ねて申し越すべく候、謹言、

正月廿日　　光哲

上松弥次郎とのへ

文中に輝虎とあるので、永禄五年以降のものである。この中で憲政は、去年より以来、「当地」に向かって陣を張っているので、落城までそれほどかからないであろう、取りあえず一義計りに扇子を遣わすと伝えている。一義計りとは、寸志のような意味であろう。委細は重ねて伝えるようにとあり、書き止めも「謹言」とあるので、上松は憲政にとっては被官級の存在である。永禄五年正月頃とすれば、当地は館林城であろうか。そうであれば、憲政は館林城攻めの陣にいたとみられる。なお、謙信が館林攻めのために着陣するのは永禄五年二月九日で、同城の落城は二月十七日のことであった。館林城攻略のため、それ以前から国衆らが陣を敷いていたのであろう。

上松氏に関し、「鑁阿寺文書」中に二つの書状がある（『栃木県史』資料編中世一）。

①鑁阿寺金剛乗院宛上松弥兵衛尉藤益書状（正月二十一日付）

②鑁阿寺龍福院宛上松弥兵衛尉農次書状（霜月十四日付）

①は、年頭に当たって巻数と抹茶が到来したが、それを山吉（豊守）が屋形（謙信）に披露し、悦ばれたことを述べている。「御直書」を用意しているが、武田軍が出没したため、まず「私上松」か

ら返書を出すことも伝えている。「御直書」は謙信から鑁阿寺に宛てたものであろう。②では、鑁阿寺から要望された御印判について山吉が披露したが、「御法度」をすでに出しているので印判は出すに及ばない、また、その方面へ明日出陣するので通報をするようにと申されたと伝え、明日この陣所に使僧を寄越すようにと述べている。上松弥兵衛尉は藤益とも農次ともあるが、同一人であろう。弥次郎は子や兄弟などであろうか。

上松氏は、信濃木曽氏の系譜を引くとされ、年不詳であるが、天文期に謙信の父為景から上松四郎右兵衛尉に宛てた書状が二通ある（「上杉家御書集成」Ⅰ）。一通は、上松氏の錯乱における忠節を褒め、種々の懇切や伊達氏との交渉における路次の安全確保に感謝するもので、上松氏が為景のときから長尾家に従っていたことを示すものである。上松氏は謙信の側近にいて寺社などの上申を取り次ぎ、謙信の意向を伝えていたとともに、憲政との交信相手を務めていたことがわかる。

次に、四月十二日付の小河隼人佑宛の書状写がある（「雞助編」）。

その庄堪忍の由、聞き及び候、是非なく候、仍って、吾妻ニ敵今に陣を張り、心もとなく候間、使人を差し遣わし候、路次中相違なき様、走廻せらるべく、尤も候、然れば、爰元の義、見合い一身の体を以て、彼庄に相移るべく候、委曲付与の使口上候、恐々謹言、

小河氏についてはどのような人物かは不詳であるが、文中に吾妻とあるので、同郡と関わりがあるのであろう。沼田一族に小川氏がいたが、その関係者であろうか。敵が今同郡内に陣を張り、不安に思うので、その動きを知るために使人を派遣する、その路次中の安全を図るよう協力してほしい、と

求めている。ある庄について小河は堪忍、つまり我慢したと聞き及んでいるが、当方は自らその庄に移るであろうと述べている。憲政は、吾妻方面での国衆や武田氏の動きにも関心を持って対応していたことがわかる。

極月二十六日、憲政は河角三郎右衛門尉に書状を下している（照陽寺所蔵文書）。

猶々、越年の義、成らざることに候、各々談合有りて、一途輝虎相心得、任せ入れ候、鳥目召し使ふ者共に出し候へども、侘び言せしめ、暇に及び、闕け落ち候、爰元察すべく候、

未だ相届かず候と雖も、申し越し候、爰元越年の事、不調、尋常ならず候、如何にも要害より合力し、三千疋越せられ候へども、世間只今の義、相替え候間、用所事ならず候、余日これなき候処、かくの如く申し越し候事察せられ、輝虎各々談合有りて、相心得任せ入れ候、委しくは彼口上に申し含め候、謹言、

河角氏に対し、憲政は金の無心をしている。「未だ相届かず候と雖も」とあるので、初めて書状を送ったことになる。鳥目《ちょうもく》は銭を示すが、召し使う者どもに与えても、言い訳をして暇《いとま》を取り、かけ落ちをしてしまう。このままでは越年が難しい、と述べている。憲政としては本領を失い、家臣や内者を養っていくことができないほど逼迫していたということであろうか。もはや家として成り立たないことを示している。このようにみると、河角氏は土倉《どそう》などの金融業者と思われるが、どのような人物かは不詳である。

なお、この文書は憲政の墓がある米沢の照陽寺に伝来した文書である。関係者がその菩提を弔うた

めに寄進したものであろうか。

永禄五年頃、憲政は上野にいて領国化のため謙信と連絡をとりながら、情報を集めてあれこれと奔走していた様子がうかがえるが、銭に苦労している状況もみえ、憲政の台所事情の厳しさが読み取れる。

山内家が庇護してきた榎下氏

群馬県桐生市広沢に土着した彦部氏の家伝文書「彦部文書」の中に、憲政が発給した文書が三点ある。彦部氏は高階《たかしな》氏の子孫を称し、足利氏の被官となり、室町幕府の成立によって奉公衆・申次衆として将軍に仕えたが、晴直《はるなお》の子信勝《のぶかつ》は永禄三年（一五六〇）の近衛前嗣の越後・関東下向に従ったという。晴直の母は近衛政家《まさいえ》の娘であった。これらの文書がなぜ彦部家に入ったかは明らかではない。

まず、年欠の四月十九日付で憲政が智春と榎下猿次郎に「榎下小五郎名代」を認めることを伝えた文書がある。智春に宛てたものは「光徹」、猿次郎に宛てたものには「憲当」と署名がある。年欠ではあるが、同年月日とみられるのでこれは不審である。

双方とも「名代の事」については認めるが、「本意を遂げ候はば」という条件を付けている。つまり、願望が成就した場合に実行されるということである。榎下は神奈川県横浜市緑区の地名で、ここに上杉一族の榎下氏がいた。榎下氏は上杉庶流の宅間氏一族である。山内上杉氏の祖となった憲顕《のりあき》の弟に宅間重兼《しげかね》がいるが、その二男憲清《のりきよ》が「武州榎下居住」とみえ、榎下氏を称した。その子憲直《のりなお》が永享の乱のとき、足利持氏に従って自害を遂げ、それ以降、この子孫の動向は見えなくなる。これらの文書からみると、永享の乱で没落した榎下氏は、山内家に庇護されてきたことが想定される。

三通目は「光徹」の名で、九月十日付の夕陽斎宛てのものである。憲政はこの中で「懇切な返答」と述べ、これまで夕陽斎とは音信を通じ合っていたことがわかる。また、猿次郎方から祝儀として黄金三分が来たことを喜んでいる。また、「うちかた」(内方、奥方)から帷《かたびら》(単衣の着物)が届いたとも言っている。猿次郎とその奥方から名代を認めてもらったことに対する謝礼であろう。文中に「長甚」という人物名がみえ、彼が夕陽斎の許へ行くので心得ておくように、路次の面倒をみてほしいと伝えている。彦部家では、夕陽斎は猿次郎の父としている。

実は、平成十九年(二〇〇七)に榎下氏に関係する新たな文書類がみつかった。それらによると、榎下小五郎は憲家《のりいえ》という人物である。彼は本国を上野としているので、父や祖父の代に武蔵から上野に移り、山内家に仕えていたことがわかる。なお、憲家の子孫は後に武田家に仕え、天正十年(一五八二)に武田氏が滅んだ後、徳川家康に仕えて子孫は幕臣となったという(柴辻俊六)。

問題は、これらの文書の発給年である。憲政は河越合戦後に憲当、平井落城後に成悦、永禄三年以降に光哲と名を変え、最後に光徹と名のった。三通の花押型はほぼ同様で、五類型に属するものとされる。憲当の署名から天文期ともいわれるが、永禄三年以後で、永禄五・六年頃のことであろう。この時点でまだ憲政は、それなりの意欲をもって所領・家の支配を行っていたのである。

無に帰した憲政の存在

永禄六年（閏十二月十四日付）の謙信書状に、憲政に関する記述がある（越三七二）。謙信はこの年十一月に越山して東上州に進出した。この書状は、足利長尾但馬守（景長）に宛てたものである。この頃、甲・相両軍が佐貫・足利の間に陣を張っていた。謙信は景長に「今度の義は近年にこれ無き大調義前に候間、縦え乗物風情にても馳せ来」るように伝えたが、決戦には至らなかった。この中で「方々憲政御前、斯の如く刷わざる故、彼の御進退御牢々」と述べている。景長は憲政の側近であったことから述べたことと思われるが、上州が治まらないため、憲政の居場所がない状況となっていると嘆いている。

これ以降の憲政の動きを示す史料はほとんどなくなる。憲政の活動がみえなくなったことは、彼の立場や越山の結果と大きく関わる。越山は一時的に憲政の目論見を達成させたが、一時的なものに終わったことも事実である。上野一国の支配も、武田氏の侵攻によって現実性を失った。関東管領職も手放した段階で、彼の存在は無に帰したといっても過言ではなくなったのである。

ところで、元亀元年（一五七〇）に陸奥の白河結城義親に宛てた書状写（四月七日）がある。「別本歴代古案」に入っている文書で、署名は「憲政」である。花押影もこれまで知られているものとは異なり、憲政の発給文書としては疑問がある。内容は佐竹氏との対立を憂慮し、輝虎からの密事を伝えるというものである。憲政がこのようなことに関わっていたとも思われないが、事実であれば、謙信の政略に多少の関わりを持っていたことになる。

謙信に宛てた書状が、「上杉家文書」に一通だけ残っている。三月十八日付で「光徹」の署名である。宛名は「弾正少弼入道」であり、謙信が「謙信」と自称するようになったのは元亀元年秋以降とみられることから、この文書は元亀二年以降のものとなる（越一四一四）。憲政はこの年に行われた国中普請役に対し、「三条田島」への負担を免除してほしいと申し出たのである。三条市田島に憲政の所領が存在したことがわかるが、ここに四十二人分の人足の提供が求められていた。ただし、その結果どうなったかは不詳である。

また、八月三日付で外郎七兵衛門尉に宛てた文書写がある。花押影は前出の「上杉家文書」と同形である。署名が「憲政」とある点が問題であるが、写された段階で補われたものであろうか。外郎氏は元朝《げんちょう》が滅んだときに日本に移り、博多で医者として活動した陳宗敬《ちんそうけい》から始まる。その子孫で小田原に移って北条氏に厚遇されていた一族がいた。七郎左衛門は小田原から上野に進出しており、武田氏の時代には、松井田などに拠点を設けていた。「普代の筋目を以て参府せしめ候」とみえるので、彼は山内家の時代には平井城に出入りしており、今般越後府中の憲政の許を訪れたことがわかる。

第十章　憲政の最期

謙信の死による政情不安

その後の憲政に関する史料は全くなく、動静は不詳である。おそらく、府中の御館《おたて》でひっそりと暮らしていたのであろう。御館については、上越市五智《ごち》一丁目の御館公園がその中心とみられる。主郭は東西一二〇メートル・南北一五〇メートルほどの二重堀で、外堀を含めた外郭は東西二五〇メートル×南北三百メートルほどの広さになるという。建物を建て替えた痕跡はなく、憲政の死によって破却されたとみられる。館内からは武器・刀剣・鉄砲の玉に加え、中国陶磁器・朱塗りの杯などが出土し、政庁としても利用されたことがうかがえるという。

晩年の憲政の居所であった御館跡　新潟県上越市

　天正六年（一五七八）、謙信は下総の結城氏から再三の越山の要望を受け、関東への出陣を企図した。ところが、三月九日午刻《うまのこく》、突然虫気《むしけ》（卒中）を発病し、十三日に亡くなった。享年四十九歳という。謙信には実子がなく、養子として景虎と景勝がいた。なお、謙信には多数の養子、養女がいたが、すでに分国内の名門の継嗣などとして送り込まれており、最後まで謙信の許に残っていたのがこの二人であった。そして、謙信が突然の死にみまわれたこともあり、どちらが家督となるか、問題が生じたのである。

景虎と景勝を比較すると、このとき景虎は二四歳、景勝は二歳年下の二二歳であった。景虎は北条氏康の子であるが、越相同盟が結ばれた元亀元年（一五七〇）に人質として越後に入り、その後、謙信の養子となって、謙信の初名景虎を名のることを許された。一方の景勝は、上田長尾政景の子であったが、天正三年（一五七五）に謙信の養子に迎えられ、謙信から上杉の苗字と弾正少弼の官途、景勝の名のりを与えられた。

春日山城跡　新潟県上越市

景虎のほうが謙信の許に入ったのは早く、景勝よりも長くその膝下にいたことになる。年長でもあり、謙信から春日山城二ノ丸を与えられていたことから、自身が家督を継ぐ者と考えていたであろう。なお、景虎は眉目秀麗であったといわれており、美形好みの謙信を満足させたであろう。景虎は三郎と呼ばれるものの、官途について史料はなく、実際に官途を持っていなかったとみられている。戦国期の山内家家督者は、顕定は四郎、憲房は四郎、憲寛は四郎、憲政は五郎のように仮名だけで、官途を持たなかった。そのため、関東管領そのものが地位を示す官途のようなものとみられている（木下聡)。

したがって、官途を持たない景虎(三郎)は、関東管領を継承する者として予定されていたとみられている。謙信は、景虎が山内家の家督継承者として関東管領の実務を行い、それを景勝が支えるという形を考えていたのかもしれない。景虎の妻として、景勝の姉妹を娶らせたのはそのためであろう。景虎が関東管領職を継ぐ者であれば、憲政にとっても景虎は後継者となる。憲政は景虎を支持していた可能性が高い。後に景虎が御館に入ったのも、そのような関係が事前にあったからであろう。

「御年譜」によると、謙信が昏倒して病床にあったとき、直江実綱の内室が枕元で「御家督は弥々《いやいや》景勝公へ御譲りたまはん」と声高に尋ねると、謙信は言葉を発しないものの首を動かしたという。しかし、これは景勝側の立場に立った作為であろう。三月十五日に春日山城北丸の真言宗大乗寺の長海法印の下で葬送が行われ、景勝・景虎が棺槨の左右に、被官らが前後に供奉した。遺骸は遺言によって、甲冑姿で甕内に納められ、不識院《ふしきいん》内に埋葬された。謙信は「不識院殿真光謙信法印大阿闍梨」と諡《おくりな》された。

御館の乱勃発

「御年譜」によると、その後、近臣らが評議して、平和裏に景勝は本丸(実城《みじょう》)、景虎は二ノ丸を居所としたというが、これは実質的に景勝側のクーデターであった。「北越軍記」では、景虎を遠ざけたところで、景勝を秘密裏に上田から呼び寄せて本丸に入れたともみえる。機先を制して本丸に入

上杉景勝肖像　米沢市上杉博物館蔵

り、武器蔵・金蔵を押さえたのであるが、これはクーデターに等しい。景虎は油断して、これに気が付かなかったという。

三月二十四日、景勝は石黒成綱に、「遺言の由候間、実城へ移るべきの由、各々強いて理候条、その意に任せ候」と伝えて（越一四七七）、謙信の遺言があり、人々の支持があったことを強調している。これは与党を募るための宣伝にほかならない。ここから五月中旬頃まで、両者は春日山城内でにらみ合うことになった。

五月十日、景勝は逆意のため片野父子を岡田十左衛門に討ち取らせ（越一四九七）、同十六日に楠川左京亮に「今度国中忩劇」による忠信に対し、感状を下している（越一四九九）。景勝によって春日山城内で景虎派の粛清が行われたのであろう。なお、景虎は五月十三日に「当館」に移ったという（越一五二三）。謀殺をさけるため、景虎はここで春日山を退城し、憲政との交渉が成立したことによって御館に入城したのであろう。景虎は憲政と提携することによって、自らの正統性を高めようとしたのである。

景勝側では、直江景綱《かげつな》・上条政繁《まさしげ》・山浦国清《くにきよ》をはじめとして、刈羽の安田顕元《あきもと》・斎藤朝信《とものぶ》、岩船の色部長実《ながざね》・本庄繁長《しげなが》、魚沼の小森沢・深沢氏、蒲原の山吉・吉江・水原・竹俣・加治・新発田・中条・築地氏らがみえ、越後国内では優勢であった。これに対し、景虎側には上杉一門の上杉十郎（長尾景信《かげのぶ》）・琵琶島氏・鮫ヶ尾《さめがお》城主堀江宗親《むねちか》をはじめとして、蒲原の本庄清七郎・丸田周防守、三条の神余親綱《かなまりちかつな》、蒲原の黒川清実《きよざね》・鮎川盛長《もりなが》がみえるが、頭数は劣る。ただし、実家の北条氏政と、それに同盟する武田勝頼《かつより》は景虎を支援しており、厩橋城の北条高広・景広《かげひろ》も支持を表明していた。一族あるいは主人と被官で二派に分かれる者もみえ、両派の動静を見守る者もいた。

六月の初め、景虎側に立って軍勢を越後国境付近に派遣していた武田勝頼が、突然態度を豹変し、景勝との同盟に舵を切り替えた。その条件は、上野東半国・信濃飯山領の譲渡および景勝と勝頼の妹との縁組というものであった。これにともない、八月十八日に勝頼の誓詞が景勝に送られている（「覚上公御書集」二）。このなかで、勝頼は景勝・景虎の和睦も斡旋したが、今後はどちらにも軍事的な加勢はしないと述べている。その後は景勝側の御館攻撃が激化した。関東から景虎を助けるため北条氏政が軍勢を入れたが、冬季のため樺野沢までしか進むことはできなかった。この間に栃尾城将本庄清七郎・厩橋城将北条景広らが御館に入ったが、十月二十四日の合戦によって彼らは追い崩された。

景勝に敗れ、憲政死す

翌天正七年（一五七九）に入ると、両勢力の優劣は明白となった。二月一日の合戦で、北条景広の陣所が追い払われ、このとき、景広は荻田主馬に二ヵ所鑓を付けられ、深手を負ってまもなく死去したという（越一五七二）。景虎方の城も次々に落とされ、北条氏の援軍の望みもなく、御館は「巣城」ばかりになって、落城が迫っていた。

御館は三月十七日に落城した（越一七九六）。このとき、「敵悉く討ち捕らえ候」とみえ、憲政のことは表面に出ていないが、このとき殺害された可能性がある。一方、景虎は「一身の体」にて鮫ヶ尾《さめがお》城（妙高市）に逃げ込んだ。同二十四日、ここで景虎は城主堀江氏の返り忠によって切腹に追い込まれ、付き従った家臣以下全員が討ち果たされた（越一八〇〇）。景虎の関係者は、御館と鮫ヶ尾城で全員討ち死にを遂げたのは明らかである。

憲政の死について、確実な史料からはいつ・どのようにという状況はわからない。そのため、このことは近世の記録類などで検討するしかない。

まず、「御年譜」三月十七日条によると、景虎は妻（景勝の妹）と幼い嫡男と憲政を残して、未明に二・三百人で御館を出奔した。平野平次右衛門と篠窪出羽守が踏み止まって防戦して時を稼ぎ、景虎の逃亡を助けた。同三月二十四日条では、御館は破却が命じられたが、このとき妻女と嫡男は自害し、憲政は桐沢但馬守具繁《ともしげ》の配下の手によって殺害されたとみえる。さらに、「御年譜」は憲政の経歴を記し、次のように非難を加えている。

憲政止むことを得ず、越後に赴き、頻りに謙信公を依頼して、上杉氏を譲り、謙信公の鋒先を以て北条氏を攻め、再び会稽《かいけい》の恥を雪《そそ》がむ、此の度、三郎景虎に与《くみ》して、公の麾下《きか》を背く、謙信公の報恩を忘るるのみに非ず、武門の瑕瑾《かきん》と謂《いい》つべし、これによると、憲政は謙信に頼って関東へ出兵し、私憤を晴らしたにも関わらず、その後継者に敵対したのは恩知らずで、武士として恥ずかしい行為だと断罪し、殺害されても仕方ないものと述べている。景勝の立場から、そう主張するのは当然であろう。憲政は御館に籠城し続け、落城後まで生存し、景勝の命によって殺害されたことになる。

「上杉系図」では、憲政は「三月十八日、越州において景勝のため生害、法名立山光建」とみえ、「高野山過去帳」も同日とする。十八日は御館落城の翌日であり、御館が抵抗力を失ったところで殺害されたことになる。「佐田舎人伝聞書上」でも、「管領様御生害は天正七三月十八日」とある（「上杉家文書」）。このように、御館陥落の翌日三月十八日に生害《しょうがい》（殺害）とされているが、これは戦乱の最中の討ち死にではなく、戦いが収まったところで殺害されたということを暗示するかもしれない。

これらに対し、憲政は景虎・景勝の和睦を仲介しようとして殺害されたと説明する史料があり、「村田清左衛門所持書物抜写」に次のようにみえる（上杉家文書）。これには朱書で「文化丁丑（十四年、一八一七）六月十六日」とある。

同（天正）七年二月、三郎殿と和睦の爲御扱、管領様と若君様と、御館への付城、四屋の城へ差し向けらるの処、城中の籠り衆、此の御扱の儀、兼て存ぜざる候か、又如何様の儀候らん、管領様と若君様を討ち捕え奉る、これに就いて、三郎殿是非無く鮫尾の城へ御取除く、

これによると、憲政は和睦の交渉を行うため、景虎の子道満丸を連れて四屋《よつや》城へ向かったところで殺害されたとみえる。二月頃というのは、景虎方では北条高広も死に、抵抗の手段を失った段階であり、

三月の誤記ともみえる。このとき憲政による和睦の仲介（事実は助命降伏嘆願）はありえたであろう。憲政も初手から自身が交渉の席に出向いたとはみられず、受け入れの言質をとってから御館を出たのであろう。したがって、四屋の籠城衆らが事情を知らないとは考えられない。なお、四屋は景勝側が信州口への退路を塞ぐために構築した城砦である。

和睦のことは、寛永十六年（一六三九）十二月に書かれた「内田家書上」にもみえる（「上杉家文書」）。憲政が和談の意向を持って道満丸を同行して春日山城に向かったとき、景勝は桐沢但馬守・内田伝之丞に出迎えを仰せつけたが、そのとき密かに殺害を命じて承知させた。四ツ谷まで出迎えて、桐沢が憲政を、内田が道満丸を殺害した、と伝えられていたという。内田は殺害の当事者の子孫で、先祖以来の伝承を書き残したものであろう。こちらには殺害の日は書かれていない。佐田・内田氏は上杉家の家臣で、関係者の子孫でもあり、記事の信憑性は高い。

さらに、「越後故実聞書」によると、憲政の殺害後、不思議なことが起こったという。越後国が突然暗くなって一間《いっけん》先もみえず、三日過ぎの朧月夜《おぼろづきよ》のようになった。景虎はその暗闇を利用して御館を抜け出し、鮫ヶ尾城に向かったという。また、憲政の屍体は四屋に晒されていたが、鮫ヶ尾城から戻った安田顕元《あきもと》がそれを申し請けて清めたという（「越佐史料」巻五）。

憲政が御館落城の日を漫然と待ったとみるより、和睦の仲介を図ったと考えられる。和睦を行うとすれば当然落城以前で、道満丸は人質として同行したと考えられる。「北越軍談」では、林泉寺・常安寺・宝幢寺の僧が仲介したとみえる。しかし、景勝は憲政に会うつもりはなく、和睦に応じる振りをして、中途での殺害を命じ、実行させた。そのほうが確実に殺害できることは明らかである。しかし、憲政は養祖父にあたり、和睦交渉の最中に謀殺したリスクは大きい。この話は表面に出せないことであり、景虎を庇護した者として、御館で死んだことにされたと考えられる。景勝は実力によって上杉家督・関東管領職を奪い取ったのであり、正統性は薄い。ともかく確実に憲政を葬り去ることによって、その問題を回避しようとしたのである。

「米沢地名選」によると、「管領慶雲公・道満君御事　天正七年三月十八日、桐沢但馬・内田伝助、四屋城辺に於て殺し進らす、宝永七年（一七一〇）御忌日を廿四日として神主を照陽寺に安置し奉る」とみえる。憲政・道満丸の遺骸はまず付近の照陽寺に葬られ、後に照陽寺が米沢（米沢市城南町）に移ったとき、憲政の墓もここに移転したのである。

上杉憲政の墓　山形県米沢市・照陽寺

憲政の死についての異説

『続群書類従』巻百五十三の「上杉系図」は、梅村源七清茂家に伝わったものの写であるが、これまで紹介したものと異なった憲政の死が伝えられている。

これによると、憲政は天正六年（一五七八）六月十八日、西浜の内浦本浜で討ち死にしたという。六月といえば、武田勝頼が変心したことによって御館の乱の雲行きが大きく変化した時期であった。記述をみると、能登の長《ちょう》左衛門尉の弟寿庵坊という僧が憲政の許を訪れ、長を頼って越前朝倉氏をはじめ、越中・能登の者と手を組めば、関東の北条も加わって景勝を討つことができると申し上げたので、憲政は米山寺（柏崎市）に忍んで能登行きの船を待ったが、天候不順で船出ができなかった。米山寺にも長居はできないので、早川谷不動山城へ向かおうとして、その日の夜中、漁船に蓑笠で身を隠し、船底に入った。米山寺から風波へ一里、さらに浦本浜まで十一里、十八日の申の刻に到着した。しかし、ここで不動山城攻めの大将長尾美濃守の下部《しもべ》に見とがめられた。不動山城は糸魚川市大字越の不動山の山頂に築かれた山城で、三本寺定長《さんぼんじさだなが》の居城という。定長は景虎派であり、ここに緊急避難したことは理解できる。

憲政方は、難波田大膳・小山一学・渡辺主税・安中帯刀・小幡兄弟の六人で、不動山城は一里半の道のりであったが、とても逃げ込むことはできず、主従七人は近くの善能寺に逃げ込んで楯籠もった。ここで憲政は自害し、家臣らはしばらく寄せ手と戦った後、寺に火をかけ自害した。これは善能寺の住職と同宿三人の者がみた事実という。ところが焼け跡からは、憲政の頸は発見できなかったとある。

長左衛門尉の弟寿庵坊は、能登総持寺で三宝寺という僧と見知っていたが、この三宝寺は憲政の妻妙耕院《みょうこういん》の兄弟の善斎《ぜんさい》という人物であった。この人物は、慶安四年（一六五一）七月十七日に八十八歳で没したという。

この系図によると、憲政の子として平井で殺された龍若以外に、御館で生まれた女子二人（山口数馬妻・柿崎主税妻）と憲重がみえる。女子二人と憲重は、妙耕院が生んだものである。憲重については、謙信の計らいで春日山林泉寺に入って修行をしたという。

憲重の祖父は古畑将監という人物で、早川谷不動山城を謙信より預かっていたが、御館の乱にあって憲重を迎え入れた。憲重の下には、関東からついてきた平井九里《くのり》七左衛門らがいた。景勝は不動山城を攻め、なかなか城は落ちなかったものの、兵糧に詰まったため、憲重は日光寺金蔵坊・砂場善正寺らの案内で城から落ち、焼山通山寺の千手院法印の所に逃れた。さらに、大久保村彦左衛門の案内で信州大町まで逃げ延びた。不動山城は三月二十日の初めての合戦から十月七日まで抗戦したが、落城して本城から耕伝寺まで焼き払われ、城兵は討ち死にした。憲重は信州大町で元服し、倉本惣七郎と名のり、ここで過ごしたという。

憲政の妻は、堀氏の時代には西海谷で化粧免として領地を与えられ、不動山城の下の耕伝寺を建立して隠居した。それが、現在の糸魚川市羽生の曹洞宗耕文寺であるという。

憲政の子供たち

最後に、憲政の子供たちについてみていこう。憲政の嫡子龍若は、北条氏によって殺害された。前出の憲勝は松山籠城に敗れ、北条氏へついた。形のうえで養子となった景虎（謙信）も、天正六年（一五七八）に没した。「上杉系図」にみえる憲重と二人の娘は前項で述べた。これ以外に、「系図纂要」藤原氏二二の「上杉氏系図」に、憲景と憲勝がみえる。憲景は「上杉十郎　天正七年父生害後出奔」とみえる。憲勝は「猶子　新蔵人」とみえ、松山籠城の人物であろう。

上杉十郎は、古志《こし》長尾家の家督者で房景《ふさかげ》の子景信《かげのぶ》とみられる。謙信に太刀を献上した人々の書上注文に、「越の十郎殿　金覆輪」とみえるのが景信である（「上杉家文書」）。十郎は、謙信の関東管領就任に際して太刀を献上したが、その筆頭に名がみえるのである。その後、景信は重臣の一人として謙信を支えた。謙信が憲政から上杉の家名を譲られたとき、その腹心であった十郎にもその恩恵に浴させたのであろう。古志長尾家の地位はもともと高く、これによって上杉一門として遇せられることになった。

天正三年の「上杉家軍役帳」にもみえ、上杉十郎は八十一人の軍役を負担すると記されている。上杉一門では三番目に登場するが、景勝の三百七十五人、山浦国清の二百五十人に比べれば、軍役規模としてはむしろ小さい。景勝は古志長尾家に対抗する上田長尾家の出であり、景勝の地位は急速に上昇した。十郎としては、その膝下に加わることはできなかったのであろう。

「寛政重修諸家譜」巻第七百四十八の上杉系図には、憲藤《のりふじ》という人物がみえる。憲藤については、「宗四郎　父にしたがひて越後国におもむき、天正七年三月二十四日、三郎景虎の乱に死す」とみえる。この記述によれば、上野で生まれ、越後に来たことになる。憲政の庶子となるか、養子であるかは不詳である。

「越後故実聞書」によると、米山寺城（柏崎市）は上杉憲藤の居城というが、憲藤は御館に入って留守居役として家来の篠宮を配置したという。篠宮は柿崎城や旗持城も手に入れたが、その後、景勝方の上野九兵衛が猿毛城を落とし、篠宮を討ち取ったという（「越佐史料」巻五）。この戦については関連史料がある。天正六年六月九日、山浦国清は猿毛城を攻め落とした功に報い、上野に対して「桃木の地（柏崎市百木）」の諸役・軍役免除を安堵し（「歴代古案」五）、同月十四日には景勝も感状を下している（越一五四四）。この付近には、下越方面への主要街道があり、これによって「下郡へ道も自由」になったとみえる。

ここで、前項でみた異説が関わってくる。米山寺付近は憲藤の所領であったので、憲政が船で能登に渡ろうとすれば、この付近の海岸から出帆しようとしたことは十分に考えられる。憲政が自身で渡海を図った可能性は低いと思われるが、重臣などの関係者が憲政の名代として実行したことはありうる。彼らが糸魚川付近まで進んで不動山城に逃げ込もうとしたところで討たれたが、それが憲政の殺害と結びついて伝承化されたともみられる。

六月十一日には御館付近で戦いがあり、十郎が討ち死にを遂げた。景勝の村田勘介宛て感状では、「今度、居田《こた》浜に於いて一戦を遂げ、十郎方討ち取る事、戦功神妙」とみえる（「御年譜」）。「御年譜」では上杉十郎を信虎《のぶとら》としており、信虎は長尾左京亮景信の子で、初名は景満《かげみつ》であるという。父子ともに仮名は十郎で、討ち死にしたのは子のほうであった。なお、景勝は上杉十郎の所領と名跡を河田長親に与えたが、長親は名跡の継承は辞退したという。

翌天正七年三月、御館の落城が迫ったが、このとき上杉十郎憲景が討ち死にしたことがみえる。「北越軍談」によると、「三月朔日のせり合に討たれ」とみえる。憲景は「系図纂要」にみえる諱と同じで、同書で出奔したとみえるのとは相違するが、景信はここで討ち死にしたのであろう。

謙信の死後、一年にもわたった御館の乱は、景虎の没落後も長く続いた。翌天正八年四月、景勝は大面《おおも》（三条市）・蔵王堂《ざおうどう》（長岡市）で戦っている。その後、栃尾城を攻め、四月二十二日にようやく落城させ、城主本庄秀綱《ひでつな》を会津に走らせた。三条城主の神余親綱は同年六月まで景勝に抵抗し、家臣らの内応によって自落した。

景虎・景勝の争いの根底には、国衆間の対立があり、その亀裂は簡単には解決しなかったのである。

【主要参考文献】

史料集

「上杉氏系図」（『群書系図部集』第四、続群書類従完成会）
『群馬県史』資料編5・6・7（群馬県史編さん委員会）
『群馬県郡村誌』（群馬県文化事業振興会）
『上越市史』別編1・2上杉氏文書集（上越市史編さん委員会）
『埼玉県史料叢書』12中世新出重要史料二（埼玉県教育委員会）
『信濃史料』第十一巻・第十二巻（信濃史料刊行会）
『新編埼玉県史』資料編第6・8（埼玉県）
『戦国遺文』後北条氏編第一巻（東京堂出版）
『新潟県史』資料編3・4・5（新潟県）
『歴代古案』（続群書類従刊行会）
『藤岡地方の中世史料』（藤岡市史編さん委員会）
「加沢記」（国書刊行会）

自治体史

『群馬県史』通史編3中世（群馬県史編さん委員会、一九八九年）
『新編埼玉県史』通史編2中世（埼玉県、一九八八年）

『静岡県史』通史編２中世（静岡県、一九九七年）
『新潟県史』通史編２中世（新潟県、一九八七年）
『長野県史』通史編第三巻（長野県史刊行会、一九八七年）

著書・論文

池上裕子「『関東幕注文』をめぐって」（『新潟県史研究』一一、一九八二年）。
伊藤一美「永禄六年安保氏宛行地の歴史的背景について」（『埼玉地方史』第三〇号、一九九三年）
今井寛之①『上野国小幡氏研究』ノートⅢ（国峰小幡会・研究会、二〇〇五年）
今井寛之②『上野国小幡氏研究』ノートⅣ（国峰小幡会・研究会、二〇〇六年）
片桐昭彦「山内上杉氏・越後守護上杉氏の系図と系譜―米沢上杉本の基礎的考察―」（峰岸純夫他編『中世武家系図の史料論下巻』高志書院、二〇〇七年）
木下聡「山内上杉氏における官途と関東管領職の問題」（『日本歴史』第六八五号、二〇〇五年）
久保田順一「越後上杉氏と利根・沼田地域―『加沢記』から考える―」（『群馬文化』三二〇号、二〇一四年）
栗原修①「上杉氏越山と上野沼田氏」（同『戦国期上杉・武田氏の上野支配』岩田書院、二〇一〇年、初出は一九九五年）
栗原修②「関東管領上杉氏の復活」（同前、初出は二〇〇二年）
黒田基樹①「戦国期安中氏の動向」（同『戦国期山内上杉氏の研究』岩田書院、二〇一三年、初出は二〇一〇年）
黒田基樹②「長尾景春論」（同編『長尾景春』戎光祥出版、二〇一〇年）
黒田基樹③「上杉憲房と長尾景春」（同『戦国期山内上杉氏の研究』岩田書院、二〇一三年、初出は二〇一一年）

黒田基樹④「天文期の山内上杉氏と武田氏」（同『戦国期山内上杉氏の研究』岩田書院、二〇一三年、初出は二〇一一年）
黒田基樹⑤「山内上杉氏領国下の上野小幡氏」（同『戦国期山内上杉氏の研究』岩田書院、二〇一三年、初出は二〇一一年）
黒田基樹⑥「戦国期上野長野氏の動向」（同『戦国期山内上杉氏の研究』岩田書院、二〇一三年、初出は二〇一一年）
黒田基樹⑦「戦国関東の覇権戦争　北条氏VS関東管領・上杉氏55年の戦い」（洋泉社歴史新書、二〇一一年）
黒田基樹⑧『武蔵成田氏』（岩田書院、二〇一二年）
黒田基樹⑨「関東享禄の内乱」（同『戦国期山内上杉氏の研究』岩田書院、二〇一三年、初出は二〇一二年）
黒田基樹⑩「戦国期山内上杉氏の発給文書」（同『戦国期山内上杉氏の研究』（岩田書院、二〇一三年）
佐藤博信①「越後上杉謙信と関東進出―関東戦国史の一齣―」（杉山博先生還暦記念会編『戦国の兵士と農民』角川書店、一九七八年）。
佐藤博信②「足利政氏とその時代」（『古河公方足利氏の研究』校倉書房、一九八九年）
柴辻俊六「武田遺臣「上野国・榎下文書」の紹介」（『武田氏研究』第三七号、二〇〇七年）
竹井英文「上野国高山城の基礎的研究」（佐藤博信編『中世房総と東国社会』岩田書院、二〇一二年）
城郭研究会「中世の河越城」（同編『扇谷上杉氏』戎光祥出版、二〇一二年、初出は一九九九年）
中世史部会「史料紹介・小林家文書」（『群馬県史研究』二九、一九八九年）
則竹雄一「「領」と戦国大名―上野国からみた北条氏―」（『中世東国の世界』3高志書院、二〇〇八年）
矢島勇『平井城史探訪』（エスエイ印刷、一九八八年）
平野進一・小山友孝「中世上野における刀鍛冶の基礎的研究」（『群馬県立博物館紀要』第二六号、二〇〇五年）

峰岸純夫①「天文十六年～十七年の「上信同盟」」（『戦国史研究』第二三号、一九九二年）
峰岸純夫②「上杉憲政と村上義清等の反武田「上信同盟」―天文十六年～十七年における―」（『信濃』七〇五号、二〇〇八年）
森田真一①「上条上杉定憲と享禄・天文の乱」（『新潟史学』四六号、二〇〇一年）
森田真一②「尻高左京亮についての覚書―管領上杉顕定と越後上田荘とのかかわりをめぐって―」（『群馬県埋蔵文化財調査事業団研究紀要』二二、二〇〇四年）
森田真一③「小野景頼について」（『群馬県立博物館紀要』第三二号、二〇一一年）
森田真一④『上杉顕定　古河公方との対立と関東の大乱』（戎光祥出版、二〇一四年）
冨田勝治①「上杉憲政文書の研究―とくに花押を中心に―」（『群馬県史研究』一二号、一九八〇年）
冨田勝治②「上杉憲政の発給文書について」（東国戦国史研究会編『関東中心戦国史論集』名著出版、一九八〇年）
簗瀬大輔①「南牧衆市河右馬助と右近助」（『日本歴史』七二一号、二〇〇八年）
簗瀬大輔②『上野の戦国地侍』（みやま文庫、二〇一三年）
丸島和洋①『戦国大名の「外交」』（講談社選書メチエ、二〇一三年）
丸島和洋②「戦国大名武田氏の西上野支配」（『地方史研究』三六九、二〇一四年）
山崎一『群馬県古城塁址の研究』補遺編上巻（群馬県文化事業振興会、一九七九年）
湯山学①「上杉憲政と足利長尾氏―河越合戦後を中心に―」（『埼玉地方史』第三〇号、一九九三年）
湯山学②「上杉憲政の花押について」（同『上杉氏の研究　湯山学中世史論集』岩田書院、二〇〇九年）

おわりに

憲政の越後入りについて、かつて個別に検討したことがあった。そのときは永禄元年（一五五八）にそれは実行され、北条氏の上野領国化の完成、沼田氏の内紛・没落と関わるものと考えた。ただし、そのときは史料を十分に読みこなせず、きわめて不十分な結論に終わっていた。その後、史料の発掘・整理が進むと同時に、戦国期の上杉氏についての研究も進展した。今般、本書で再検討する機会が得られ、再度このテーマに挑戦することができたのは有り難い。どの程度のことができるか躊躇もあったが、いくつかの点で新たな視点が提示できたと思う。

例えば、河越合戦について、すでに再検討は行われているが、夜戦による一方的な敗退というのは近世以降の軍学者らの作為によるものである。また、憲政の越後入国について、天文二十一年（一五五二）にも越後に入国していたことは明らかで、二度行われたと訂正したい。当然、二度の入国の状況と意義は異なる。また、永禄三年の越山について、誰が主導し、具体的にどのように実行されたか、今まで以上に丁寧な再検討が可能であり、さらに憲政から長尾景虎への関東管領職の譲渡についても、その背景に両者間にさまざまな政治的駆け引きがあったというのが歴史の真実であろう。

憲政について今までほとんど取り上げられることがなかったのは、戦国大名として華々しく活動した北条氏康・武田信玄・長尾景虎（上杉謙信）の影に隠れ、その引き立て役でしかなかったことによる。本書に取り組み、勝者の立場だけではなく、逆の視点からも時代を眺めることによって歴史の真実を明らかにする必要を痛感した。

「中世武士選書」シリーズでは、これが四冊目となる。前著に引き続き本書まで刊行に導いて戴けたのも戎光祥出版社長伊藤光祥氏、編集部丸山裕之氏をはじめ同社の皆様のおかげである。この場をお借りして深く感謝申し上げたい。

二〇一六年五月

久保田順一

上杉憲政関係年表

西暦	元号	日付	事項
一四五四	享徳4	12・27	足利成氏、上杉憲忠を謀殺（享徳の乱の始まり）。
一四六六	文正元	2・12	上杉房顕、没（32歳）。
		閏2・	上杉憲実、没（57歳）。
		6・3	上杉顕定、関東管領に補任される。
一四七七	文明9	1・18	長尾景春、五十子陣を攻め、顕定・扇谷扇谷定政を上野に走らす。
一四八二	文明14	11・27	都鄙の和睦。将軍足利義政、古河公方足利成氏と講和する。
一四八八	長享2	6・8	顕定、扇谷定正と武蔵菅谷原で戦う（長享の乱）。
一四九一	延徳3		伊勢宗瑞（北条早雲）、足利茶々丸を逐って伊豆国を奪取する。
一四九四	明応3	10・5	扇谷定正、没（51歳）。
一五〇四	永正元	9	顕定、扇谷上杉朝良・伊勢宗瑞と武蔵立川原で戦って敗れる。
一五〇六	永正3	4・23	古河公方足利政氏、子高基と不和となる。
一五〇七	永正4	8・7	越後国守護上杉房能、守護代長尾為景に討たれる。
一五一〇	永正7	6・20	顕定、越後長森原で長尾為景のため敗死する（57歳）。
一五一四	永正11	8・24	長尾景春、没（72歳）。
一五一九	永正16	8・15	伊勢宗瑞、没（88歳）。
一五二三	大永3	この年	憲政、誕生か。
一五二四	大永4	1・13	北条氏綱、扇谷朝興を高輪原で破り、江戸城を奪取する。
		10・16	憲房、武蔵毛呂城を攻める。憲房、氏綱と和睦する。
一五二五	大永5	4・16	憲房、没（59歳）。憲寛、山内家督を継ぐ。

一五二九	享禄2	正・24	長尾景誠、家臣矢野氏によって殺害される。
		8・14	憲寛、憲政に従う安中城を攻める（享禄の内訌の始まり）。
一五三一	享禄4	9・3	憲政、憲寛を上総に逐い、関東管領職を継ぐ。
一五三三	天文2	2・9	快元僧都、鶴岡八幡宮造営の喜捨を武蔵・上野の人々に募る。
一五三五	天文4	10・13	氏綱、武蔵河越城に扇谷朝興を攻める。
一五三七	天文6	4・27	扇谷朝興、没（50歳）。
		7・15	氏綱、扇谷朝定を攻め、松山城に走らす。
一五三八	天文7	10・5	足利義明・里見義堯、氏綱と下総国府台で戦って敗れる。
一五四〇	天文9	5	武田信虎、信濃佐久郡を攻める。
一五四一	天文10	5・13	信虎・諏訪頼重、海野棟綱・真田幸綱と戦って破る。幸綱、憲政を頼る。
		6・14	武田晴信、父信虎を追放する。
		7・4	憲政、信濃長窪に出陣するも、諏訪頼重と和睦する。
		7・19	北条氏綱、没（55歳）。
一五四二	天文11	6・吉	憲政、鹿島神宮に願文を掲げる。
一五四五	天文14	8・16	今川義元、北条氏康と駿河で対陣する。武田晴信、義元を救援する。
		9・26	憲政、武蔵河越城を囲む（河越合戦）。
一五四六	天文15	3・14	武田晴信、村上義清と信濃上野原で戦って敗れる。
		4・20	憲政、北条氏康の河越城援軍と戦って敗れる。
一五四七	天文16	8・6	山内上杉軍、武田軍と信濃小田井原で戦って敗れる。
		8・11	武田晴信、信濃志賀城を攻略する。城主笠原清繁・援軍の高田父子ら討ち死にする。
		12・13	北条氏康、太田資正を武蔵岩付城に攻める（翌年、講和）。

一五四八	天文17	2・14	武田晴信、村上義清と信濃塩田原で戦って敗れる。
		12・5	憲政、小林平四郎らに小幡憲重と戦い敵多数を討ち取ったことを褒める。
		12・30	長尾景虎、越後国守護代となり、春日山城に入る。
一五五一	天文20	8・1	長尾景虎、長尾政景と和を結ぶ。
一五五二	天文21	3	北条氏康、武蔵御嶽城を攻め、安保泰忠らを降伏させる。
		5	憲政、越後に入り、長尾景虎に関東出陣を促す。
		7	長尾景虎、岡部氏在所の武蔵北河辺・矢島に制札を掲げる。
一五五三	天文22	8	村上義清、武田晴信に敗れ越後に赴き、長尾景虎を頼る。
一五五四	天文23	11・7	北条氏康、下総古河城を陥れ、足利晴氏・藤氏を相模波多野に幽閉する。
一五五五	弘治元	7・19	長尾景虎、武田晴信と信濃川中島で戦う。
一五五八	永禄元	4・11	北条氏康、簗田晴助に下総古河城を渡す。ついで、足利義氏を関宿城に移す。
		この年	憲政、簗田晴助の仲介で再度越後に入る。
一五五九	永禄2	2・12	北条氏、小田原衆所領役帳を作る。
		4	景虎、入洛する。
		6・26	景虎、将軍義輝より裏書免・塗輿などを許され、憲政の進退に意見することを許される。
一五六〇	永禄3	8・29	景虎、上野国に侵攻する。
		9・27	憲政、赤城神社に立願状を納める。
		9・19	近衛前嗣、越後に入る。
一五六一	永禄4	3	憲政・景虎、北条氏康を小田原城に攻める。その際、「関東幕注文」が作成される。
		閏4・16	憲政、景虎に上杉の家名を与え、政虎と名のらせる。
		9・10	上杉政虎、武田信玄と川中島で戦う。

一五六二	永禄5	2・17	上杉輝虎、館林城を攻め、赤井文六を降す。
一五六三	永禄6	2・4	北条氏康・武田信玄、上杉憲勝の籠もる武蔵松山城を攻略する。憲勝、北条氏に降る。
一五七〇	元亀元	4	北条三郎（上杉景虎）、越相同盟により越後に入る。
一五七八	天正6	3・13	謙信、没（49歳）。
		5・13	景虎、憲政の居館（御館）に入る（越後御館の乱）。
一五七九	天正7	3・18	憲政、景虎の子道満丸と講和に向かう途上、殺害される。
		3・24	上杉景虎、鮫ヶ尾城で自害する。

【著者紹介】

久保田 順一（くぼた・じゅんいち）

昭和22年（1947）前橋市生。昭和45年（1970）、東北大学文学部史学科国史専攻卒業。群馬県立高校教諭を退職後、現在、群馬県文化財保護審議会専門委員、みやま文庫編集幹事

主要論著　『群馬県史』通史編3中世（共著、1989年）／『上野武士団の中世史』（みやま文庫、1996年）／『新編高崎市史』通史編2中世（共著、2000年）／『安中市史』第二巻通史編（共著、2003年）／『室町・戦国期 上野の地域会社』（岩田書院、2006年）／『上杉憲顕』（戎光祥出版、2012年）／『新田義重』（戎光祥出版、2013年）／『新田氏三兄弟と南朝』（戎光祥出版、2015年）

装丁：川本要

中世武士選書　第34巻
上杉憲政《うえすぎのりまさ》　戦国末期《せんごくまっき》、悲劇《ひげき》の関東管領《かんとうかんれい》

二〇一六年七月一日　初版初刷発行

著　者　久保田順一
発行者　伊藤光祥
発行所　戎光祥出版株式会社
東京都千代田区麹町一―七
相互半蔵門ビル八階
電　話　〇三―五二七五―三三六一㈹
FAX　〇三―五二七五―三三六五
製作　株式会社イズシエ・コーポレーション
印刷・製本　モリモト印刷株式会社

http://www.ebisukosyo.co.jp
info@ebisukosyo.co.jp

ISBN978-4-86403-211-7